SHODENSHA
SHINSHO

「江戸前」の魚はなぜ美味しいのか

藤井　克彦

JN276247

祥伝社新書

はじめに

「江戸前の海が生み出した五大食文化」と呼ぶものがある。

浅草海苔《のり》、ウナギの蒲焼き、佃煮《つくだ》、てんぷら、そしてにぎり鮨《ずし》である。この5つの料理に使われる素材は、すべて猫のひたいほどしかない江戸前の海で捕れたものばかりだ。

本来の江戸前とは、江戸の前、つまり、「武蔵国の前に位置する海」のことで、東は江戸川河口から、西は多摩川河口までの狭い入り海にすぎなかった。江戸前の現代における正式な呼称は東京都内湾《ないわん》だが、江戸時代には「前の魚」「前の海」などと呼ばれたりもした。本書では、これまで不明瞭とされてきた「江戸前」の範囲や定義に関する論争に終止符を打ちたいと考えている。

そもそも江戸前とは、東京湾の中にあっても、隣接する神奈川県や千葉県に比してちっぽけな海でしかない。だがその狭い海に生きる豊富な魚、エビや貝、そして「浅草海苔」などが、大きな食文化を作るための潤沢《じゅんたく》な素材を送り出しつづけてきたのである。

当時世界一の大都市だった江戸は、海の幸《さち》の巨大な消費地であったこともあり、明治政府が全国の漁業統計を取るようになってから江戸前の海は単位面積あたりの漁獲高で日本一の座を得た。単にそれだけでなく世界一の水揚げを江戸時代から戦後まで維持するという輝かしい歴史を誇りつづけた。

江戸前の海では、ノリの養殖が全国に先駆けて発祥し、全国の乾《ほ》しノリの市場を独占してきた。このノリこそが、現在は絶滅危惧種に指定されるほど減少してしまった、標準和名アサクサノリという品種。その製品名が「浅草海苔」だった。鮨屋の年配のご主人は、「昔の海苔はうまかったね」と懐かしむ。それは当然のことで、現在養殖されているスサビノリは、かつて江戸前で養殖されたアサクサノリとは、品種が違う。だから風味がまるで違うわけである。

一方、鮨やてんぷらの種に使われてきたアナゴ、コハダ、アジ、ハゼやシロギスなどの魚や、クルマエビ、シバエビ、シャコなどの甲殻類。それに蒲焼きにされ人気を博した江戸前のウナギは、昔も今も天下の美味と絶賛される。ではそのうまさの秘密はどこにあるのか？このテーマに関しては、江戸時代からさまざまな試論が書かれてきた。

その後、生物学や水産学、食品学が発達し、その謎が解明されるようになった。その答えのひとつが、江戸前の魚介は、ありあまるほどの餌《えさ》をたっぷり食べて育ってきたからだとされている。江戸前には何本もの大きな河川が流れ込み、上流から豊富な植物性プランクトンが流入する。それをエサに、河口域には動物性プランクトンが無数にわいた。それが小魚やエビなどの甲殻類や貝などの餌になった。これらを最後はスズキなど大きな魚が捕食するという壮大でドラマチックな食物連鎖の仕組みが、江戸前の味を作り上げてきた秘密だったのである。こんな好条件がそろった海は、地図を広げて全国くまなく探してみても、どこにも見当たらない。

江戸前の魚がうまかったとする証左《しようさ》は、身近なところに数え切れないほどある。私の取材地の多くは、私がホームグラウンドとする江戸前か東京内湾が多かった。年に100日を超す取材に出て魚を釣ってきたから、魚屋から買うのはわずかにマグロ、塩ザケとアサリ程度のものだった。わが家の夕餉《ゆうげ》の膳《ぜん》は、いつも私が釣ってきた魚でまかなっていた。したがってわが家の子どもたちは、江戸前の魚しか食べたことがなかった。

そのことが原因で、困ったことが起きた。旅行に出かけたとき食卓に並ぶ刺身である。アジの姿盛りなどは、ひと口食べると3人の子どもは箸を置いてしまう。もったいないと叱ると「だっておいしくないもん。いつも食べているアジと全然味が違う」と言い、食べようとしない。子どもは敏感な味蕾《みらい》を持っているとされる。江戸前の魚と他所《よそ》の魚との味の違いは、歴然だったに違いない。

だが豊饒《ほうじょう》の海《うみ》・江戸前はその後、いとも簡単に次々と埋め立てられていった。現在は臨海副都心と呼ばれ巨大なビルが林立し、湾岸道路が走り、羽田空港は拡大を続けている。さらに大都会から吐き出される膨大なゴミの処分場とも化してしまった。

昭和37年（1962年）12月24日、東京都の漁民が持っていた漁業権は、330億円の補償金の支払い完了と同時に抹消された。これで江戸前における「漁業権漁業」は終焉《しゅうえん》を迎えたわけである。時を同じくして汚水や公害の垂れ流しで、江戸前の海には異臭がただよい、死の海になってしまったかのように見えた時期があった。

しかしその後、環境を保全しようとする動きや各種法整備などもあいまって水質は良化した。その結果今なお古《いにしえ》より江戸前に生きた魚や貝のDNAを引き継ぎ、健気《けなげ》に生きている命がたくさんある。絶品の味と讃《たた》えられるアナゴ、コハダ、ハゼ、クルマエビ、シャコやウナギなどである。多摩川は年間に100万尾を超すアユが遡上《そじょう》する川に蘇《よみがえ》り、河口部にはアサクサノリさえわずかに生《は》えている。

本書をお読みいただければ、江戸前の魚をご自分の舌で味わってみたいとお思いになるだろう。そこで江戸前の魚を上手に購入する方法もご紹介させていただく。もし機会があれば乗《の》り合船《あいせん》に乗り、アジ、シロギス、アナゴやスズキなど江戸前を代表する魚をご自身で釣っていただきたい。

自分で釣った魚を自分でさばき、料理し、味わうことができれば、至福のときを送ることができる。とくに東京湾に数多くある釣り船には貸し道具がそろっている。だから、わざわざ道具を買いそろえる必要もない。魚がハリに掛かったときの快感は言葉では表現できないほどの興奮を覚えるもの。すると江戸前の魚にいっそうの愛着がわくに違いない。

もはや江戸前という言葉は、江戸っ子のためだけに存在するのではない。にぎり鮨などを通じて全国に共通する意味を持つようになった。その元祖である海の今日ある姿を、ぜひひとりでも多くの方にご理解いただきたいと願って筆を進めていきたい。

二〇一〇年二月

藤井克彦

目　次

目次

第4章　江戸の世から生きつづけてきた魚たちの今とその味……175

第5章　江戸前の魚介と上手に付き合う

目次

第1章　江戸前の定義をめぐる迷走の歴史と、その根底にあるもの

江戸前という言葉が持つ意味を、まずは広辞苑第5版から見ていこう

本書では、「江戸前の海で捕れる魚介類が、なぜ他の海で産するものより美味《おい》しいのか」、ということを明らかにすることを最大のテーマにしている。しかしこれを明らかにすることは、それほど簡単なことではない。なぜなら、まず味覚には個人差があること。おまけにおよそ全国の名産品・特産品といわれるものには、お国自慢という要素が加味されている。だからそれを割り引いて検証しなければ、公平な評価などできはしないからだ。

これらを考慮に入れたとしても、江戸時代に生きた人々は、江戸前産の魚はうまいと多くの書物に書き残している。そればかりでなく、江戸っ子たちは江戸前の魚介などを素材とする数々の食文化を生み出し、後世に伝えてきた長い歴史を持っている。たとえば「江戸前が生んだ五大食文化」といわれるにぎり鮨、てんぷら、佃煮、ウナギの蒲焼き、そして浅草海《の》苔《り》がある。これらは国民食といってもいいだろう。後で一つひとつの食文化については詳しく説明させていただくが、この5つの食べ物はいずれも、狭くてちっぽけな江戸前という海で捕れる新鮮な魚介類が素材となっていた。その意味で、日本人の魚食文化にこれほど貢献した海はないといっても、過言ではない。

ところでみなさんが美味しい郷土料理を目当てに旅行に出かけたり、食べ歩きをしたりす

るときは、かならずその土地のマップを参考とされるに違いない。ところが残念なことに「江戸前」は、どんな精緻《せいち》な地図にも載《の》っていない。「江戸前」のうまさの秘密を解明する前に、まずは江戸前という言葉が何を意味しているのかということを正しくご理解いただくために、さまざまな資料を提供してみよう。

「あなたは江戸前という言葉で何を連想しますか？」と問えば、ほとんどの方がにぎり鮨と答えるに違いない。北は北海道から南は沖縄まで、鮨屋の看板や暖簾《のれん》には、江戸前の３文字が大書されていることが多い。だからといって、現在、北海道や沖縄の鮨屋で、江戸前の魚介を種《たね》に鮨を握ってくれるとはだれも期待はしない。つまりここでいう江戸前とは、単に江戸風とか江戸流という意味にすぎない。ところでこの言葉がにぎり鮨の冠《かんむり》に使われるようになったのは、じつは近代になってからである。江戸時代、江戸前という言葉はウナギの産地、もしくは江戸前産ウナギそのものの代名詞として使われていたのである。

冒頭からなんとも理屈っぽい話で恐縮だが、じつは、そもそも「江戸前とはなんぞや」という疑問や解説は、江戸時代からえんえんと繰《く》り返され、現在もなお論議になっているというほど面倒なものなのだ。

さて、物事の定義を明らかにしていく定石《じょうせき》のひとつに、「広辞苑によれば」という手法がある。なにしろ広辞苑は国民的辞書だから、俎上《そじょう》に載せるにはうってつけ、というわけだ。そこで本書でも、それにのっとって話を展開することにしよう。

広辞苑の第5版までは、「えどまえ」を引くと、次のように記されている。

えどまえ：マヘ【江戸前】（芝、品川など「江戸前面の海」の意で、ここで捕れる魚を江戸前産として賞味したのに始まる。鰻（うなぎ）では、浅草川・深川産のものをさす）①江戸湾（東京湾）付近で捕れる魚類の称。膝栗毛発端「―の魚のうまみに」②江戸風（ふう）。梅暦「―の市遁」（広辞苑第5版1997年11月刊）

ちなみにこの用語解説は、表紙をガムテープで補強しながらボロボロになるまで愛用し、座右に置きつづけた昭和50年発行の広辞苑第2版から、第5版に至るまで、まったく変わっていない。

「鰻では……」に関する説明は第4章にゆずることにして、江戸前という言葉は、まず芝《しば》や品川《しながわ》など「江戸の前面に位置する海」で捕《と》れた魚が、とても美味だったとされることから発祥した旨が書かれている。

芝とは現在の東京・港区の芝浦《しばうら》のことで、漁業を生業《なりわい》にした村落であった。また、かき揚げなどで賞味されるシバエビとは、この芝の前でたくさん捕れたことが命名の由来とされる。亡くなった先代の三遊亭円楽が最後に高座にかけた古典落語の名作、『芝浜』の舞台としてご存じの方も多いことだろう。品川にも海に面した広い砂浜が広がり、江戸幕府ができる以前から漁村であった。

それが漁場としては、隣接する県の海の一部を含む、広く「①江戸湾（東京湾）付近で捕れる魚類の称」であることとなる。

やがてこの海で捕れる魚介類を素材とした魚食文化が誕生したこともあって、江戸前という言葉は、やがて「②江戸風」という幅広い意味を持つようになっていった。

ちなみにここで使われる「前」とは、一人前、腕前、男前など「優《すぐ》れたものに付けられる称」であるとする考え方もあるようだし、そう書いている本もある。だが、江戸前の「前」は、江戸「風」もしくは江戸「流」と読み替えてもよいことから、列挙した言葉とは発祥や意味合いがまったく違う、というのが私が国立国語研究所に問い合わせた結果だった。

江戸前という言葉で連想するのがにぎり鮨であるように、この20年間に出版された本に江戸前という3文字が登場するのは、鮨の歴史を解説した本が圧倒的に多い。また、昨今のグルメブームに乗って江戸前鮨の名店を紹介した本でも、まずはにぎり鮨の発祥を紐解《ひもと》き、その店がいかに江戸前の伝統を守り、店主が、いわゆる「江戸前の仕事」といわれる手法や伝統を守ることに腐心しているかについて多くの記述が割かれている。

各書とも、冒頭でかならずといっていいほど「そもそも江戸前とはなんぞや」から筆を起こしているが、大半が広辞苑の解説をベースにしていると推測できる。

また、全国各地に今も残る保存食として鮓《すし》の発祥から江戸前にぎり鮨までの歴史を解説した本でも、同様である。著者の多くは関西の出身で、発酵学や食文化史を研究されたお歴々である。この種の本でも同様に「江戸前つまり東京湾で捕れた魚」を鮓飯《すめし》に乗せたもの、という表現でさらりと触れているにすぎない。漁場としての江戸前の発祥や、その驚くべき水揚げ高を記録した歴史や現況をまったくご存じないままに筆を進めているのだ。

江戸時代末期、隅田川《すみだがわ》沿いの小さな屋台や路地の奥まった店で生まれたにぎり鮨は当初、使われる種《たね》の多くが、すぐ近くの江戸前で捕れる魚であったことや、相模《さがみ》湾で捕れたマグロの赤身までも種にしたことも、どの本にも書かれているので、改めて私が説明するまでもない。

世が江戸から明治、大正、昭和と移ろうと、保冷技術の発展とともににぎり鮨は大きく変化し、さらに発展していく。つまり日本橋《にほんばし》から築地《つきじ》へと魚市場が移設されるようになると、それこそ鮮度の良い魚介が日本中、いや世界中から集積されるようになる。するとにぎり鮨に使われる種は、かならずしも江戸前には限らなくなる。後述するように、江戸前という狭く限られた漁場だけでは、さすがに１０００万を超す都民の胃袋をまかなうことができなくなってしまった。そこで江戸前に引けを取らない味の魚介を探し、客に提供するようになっていく店が多くなっていく。

近代の東京は、大正期に起こった関東大震災や第二次世界大戦による大空襲で、二度にわたって焼け野原になってしまう。焼け出されていったんは地方に疎開し、ふたたび故郷の東京に戻ってくる人もいれば、手に職をつけた鮨職人たちのうち、そのまま故郷に残って鮨屋の暖簾《のれん》を掲《かか》げる者も多数出るようになった。そして彼らは、地場の魚介を種ににぎり鮨を提供するようになる。その際、「うちは鮨屋ですが、関西の押し鮨ではなくにぎり鮨ですよ」という意味を込めて「江戸前」の３文字を使うようになったといわれている。

こうして、江戸前という言葉は「主に江戸前産の魚を使った鮨」ではなく、「江戸風のにぎり鮨ですよ」という意味に完全に変化を遂げるのである。

東京の下町・深川に終戦の翌年生まれた私は、幼い頃から近くの海で泳いだり、貝を掘ったり、釣りをしたりと遊びほうけていた。そこが「江戸前の海」であることは「常識」であったから、後年になって改めて辞書で「江戸前」を引こうなどとは考えもしなかった。このたった3文字が、私の人生の後半に、重い課題としてのしかかってくるようになるとは、夢にも思わなかった。

私が広辞苑に論争を挑むようになったきっかけ＝江戸前

わが家は、深川西町と江戸古地図に描かれていた時代から「大和屋《やまとや》」の屋号で、父の代まで米屋を営んできた。ところが私は根っからの遊び好き。しかも学生時代は学園紛争が真っ盛りで、勉強どころではなかった。米の配給制度が廃止され、自由化されることを見越した父から、「おまえは大和屋の暖簾を継がなくていいから」と言われたのをいいことに、自由奔放《ほんぽう》な暮らしをしていた。

しかし家庭を持ち3人の子どもにも恵まれたということで35歳のとき、とある出版社に就職し、趣味である釣りの腕を社長に見込まれ、釣り雑誌の編集長を仰《おお》せつかった。そして昭和57年頃から『遥かなる江戸前の海』という連載をスタートすることとなった。このとき何かを感じ、なにげなく広辞苑で「江戸前」を引いた。すると「江戸湾（東京湾）周辺で捕れた魚類の称」という解説に出くわして愕然《がくぜん》とした。私にとっての江戸前とは、昔も今も「江戸のすぐ目の前の海」という意識しかなかったからだ。

すぐに奥付を見て、広辞苑編集部に電話をかけた。応対に出た方に「広辞苑の①の江戸湾周辺っていうのはおかしいでしょう。『周辺』といえば相模《さがみ》の国や安房《あわ》の国でしょう。相模湾や南房総《ぼうそう》で捕れた魚や伊勢エビ、アワビ、サザエがどうして江戸前なんですか。だれが考えたって納得いかないでしょう。館山《たてやま》や剣崎《つるぎさき》は『江戸の前』じゃないでしょう」と、一気にまくしたてた。編集部の方は「そう言われれば……」と口ごもったままで、その日は納得のいく説明が得られなかった。

その結果、連載の第1回は、「ちょっと変だよ！　広辞苑」というタイトルで、「江戸前の海は元来は江戸前面の海だが、現在は東京湾とその周辺」という広辞苑の説明の矛盾を徹底して書きまくった。

予定では、浅草橋《あさくさばし》で田中屋という老舗《しにせ》船宿のおじいちゃんを取材した原稿を書くはずだった。明治初期に生まれた小柄な老船頭は「隅田川を下ってよ、最後の橋、永代《えいたい》をくぐり抜けると遥《はる》かかなたにお台場《だいば》が見えてよ、目の前に何もねえ広れえ海だったねえ、江戸前は……。そんで投網《とあみ》をばあーっと打つとよ、イワシなんかが持ちあがんねえほど捕れてな。でもイカ（コウイカ）なんかが交じってへえっちまう（入ってしまう）とよ、投網がイカの吐く墨で真っ黒になっちまったっけねえ」と、コウイカまでがすぐ沖に棲《す》んでいた私の知らない江戸前の海を語ってくれた。

それからというもの、取材で折あるごとに明治や大正、そして戦前生まれの船頭衆に「江戸前ってどこ」と聞いて歩いた。

すると気の短い江戸漁師気質《かたぎ》を引き継ぐ彼らは、異口同音《いくどうおん》に「江戸前が東京湾だって？　バカも休みやすみ言えよ、このやろう。江戸前って言やあ昔っからよ、多摩川河口から江戸川河口までに決まってんだろうが。だれだ、東京湾だなんてこと言うヤツは。千葉の海は『向こう地』って呼んでたろう。そんなことぐれえおめえだって知ってんだろが」と怒りを露《あら》わにした。

なにしろ「火事と喧嘩《けんか》は江戸の華《はな》」と聞かされて育った深川生まれの私にとって、喧嘩の相手が天下の広辞苑なら不足はない。たとえこちらが負けても異存はない。雑誌の連載の中で、ことあるごとに広辞苑の誤謬《ごびゅう》と思われる解説をあげつらった。しかも「拝啓　広辞苑編集部殿　私見に反論がある場合、貴編集部の主張は全文を掲載する了解をとったので、編集部までお寄せください」とゴチックで書いたほど、不遜《ふそん》な態度を取っていた。若気《わかげ》の至りとはいえない、もはや言いがたい年になっていたのに……。今にして思えば赤面の至りである。

やがて江戸前を漁場とした漁師からの聞き取りと同時に、時間があれば図書館に通い、江戸前について書かれた文献を読みあさった。また、江戸湾（東京湾）という記述についても徹底的に調べてみた。それというのも、江戸前で40年以上も釣りをしてきたが、現役の船頭衆はもちろんのこと、明治生まれの老船頭に聞いてみても「江戸湾？　そんな言葉聞いたこたぁねえな。江戸前の間違いじゃねえのかい」ということであったからだ。天保《てんぽう》から慶長《けいちょう》までいくつか製作された江戸時代の古地図を仔細《しさい》に眺めても、現在の東京湾を江戸湾とする絵図はいっさい見当たらなかった。出身が下総《しもうさ》（千葉県）であったかの伊能忠敬《いのうただたか》が、全国を歩いて描いた『大日本沿海輿地《よち》全図』のそれにも江戸湾とは記載されず、ただ広大な湾が図示されていただけだった。

ただしたった1点だけ、『江戸湾測量の図』という表題の海図が、『東京港史』に掲載されていることが判明した。その経緯《けいい》を編纂《へんさん》者の方に調べていただいた。すると黒船来航後にアメリカ海軍と幕府が協力して作ったものであることが判明した。

明治維新《いしん》後、初めて作られた最初の地図には「東京湾（TOKEI　BAY）」と書かれており、以後、今日に至るまで、地図および海図に「江戸湾」という表記は存在していないのは、紛《まぎ》れもない事実である。このことはきっと、「江戸時代」という呼称が明治以降にできた言葉であり、江戸時代の古地図に描かれた江戸城は、単に「御城」とか「西の丸」などと太く墨書《ぼくしょ》されてはあったが「江戸城」という呼称は当時はなく、後世になって生まれたことと同様なのだろう。だから明治以降に書かれた書物に「江戸湾」とあっても、別に目くじらをたてるほどのことではないのかもしれないが、広辞苑ともなれば話は別である。

ここまで、物知り顔で書き連ねてきた。しかし後日、私はとんでもない大きな間違いを犯していたことに気づき、卒倒しそうになった。それは「東京湾」という言葉の意味するものに関してであった。

広辞苑で「東京湾」を引いてみると、そこには意外な答えが……

辞書や事典というものは、分からない言葉や事象に出合ったときに引くもの。自分の知識を確認するために引くことなどまずない。こんな言い訳から書くのは申し訳ないが、「東京湾とは千葉県・洲崎《すのさき》と神奈川県・剣崎を結んだ北側の海」というのは、東京湾にかかわる者の常識になっている。しかし、ある日たまたま広辞苑第5版で東京湾を引いてみると、

【東京湾】関東平野の南に湾入している海湾。観音崎《かんのんざき》と富津洲《ふっつす》より北の部分を指す。浦賀《うらが》水道によって太平洋に通じる。水深が浅く、沿岸の埋立てが進んでいる。

あわてて第2版を引いてみる。

【東京湾】（前段は5版と同様）。広さ東西約20キロメートル、南北約50キロメートル、湾口約8キロメートル。浦賀水道によって太平洋に通じる。

つまり広辞苑の見出し語である東京湾とは、いわゆる東京内湾《ないわん》であったことを見落としていたのだ。これを見つけた瞬間、文字どおり背筋が凍《こお》り付くような思いがしたことはいうまでもない。

この点について後年、「東京湾学会」を主宰されていた高橋在久《たかはしすみひさ》氏に伺う機会があった。すると、湾名が成立するには3つの要素があることを教えられた。

①　ひとつの国の範囲内にある湾は、その国名を付けた。相模湾、土佐《とさ》湾など。

② ２国以上に囲まれている湾は、そこが面する最大の都市名を付けた。東京湾、鹿児島《かごしま》湾など。

③ 湾を囲む地方名を付けた。内浦《うちうら》湾、渥美《あつみ》湾など。

しかも、湾とは基本的に岬と岬を結んだ内側であるという原則があることも知った。だから観音崎《かんのんざき》と富津岬《ふっつみさき》（洲）を結んだ北側が本来の東京湾であるという広辞苑の説明は、まったくもって正しかったのである。

ただし東京湾に関しては、最初の岬と岬を結んだ線を南に下って、海上保安庁が千葉県・洲崎《すのさき》と神奈川県・剣崎を結んだ北側の海を東京湾とした。

昭和47年（１９７２年）に海上交通安全法という法律ができた。翌年、海上交通安全法施行令が発効し、その第1条に法令の適用海域が記載され、「東京湾は洲崎灯台と剣崎灯台を結んだ線の内側」と規定された。そして本来の東京湾が「東京内湾」、もしくは「狭義の東京湾」とも呼ばれるようになったのだ。また従来の浦賀《うらが》水道以南を「東京外湾《がいわん》」とする呼称も同時に誕生させた。さらに詳述すれば、東京内湾の中で、多摩川河口洲から江戸川河口を結んだ内側には「東京都内湾」という呼び方があったのだ。ここそが、広辞苑にいう「江戸前面の海」であり、本来の江戸前を指す呼称だったのである。

東京湾の名称と江戸前

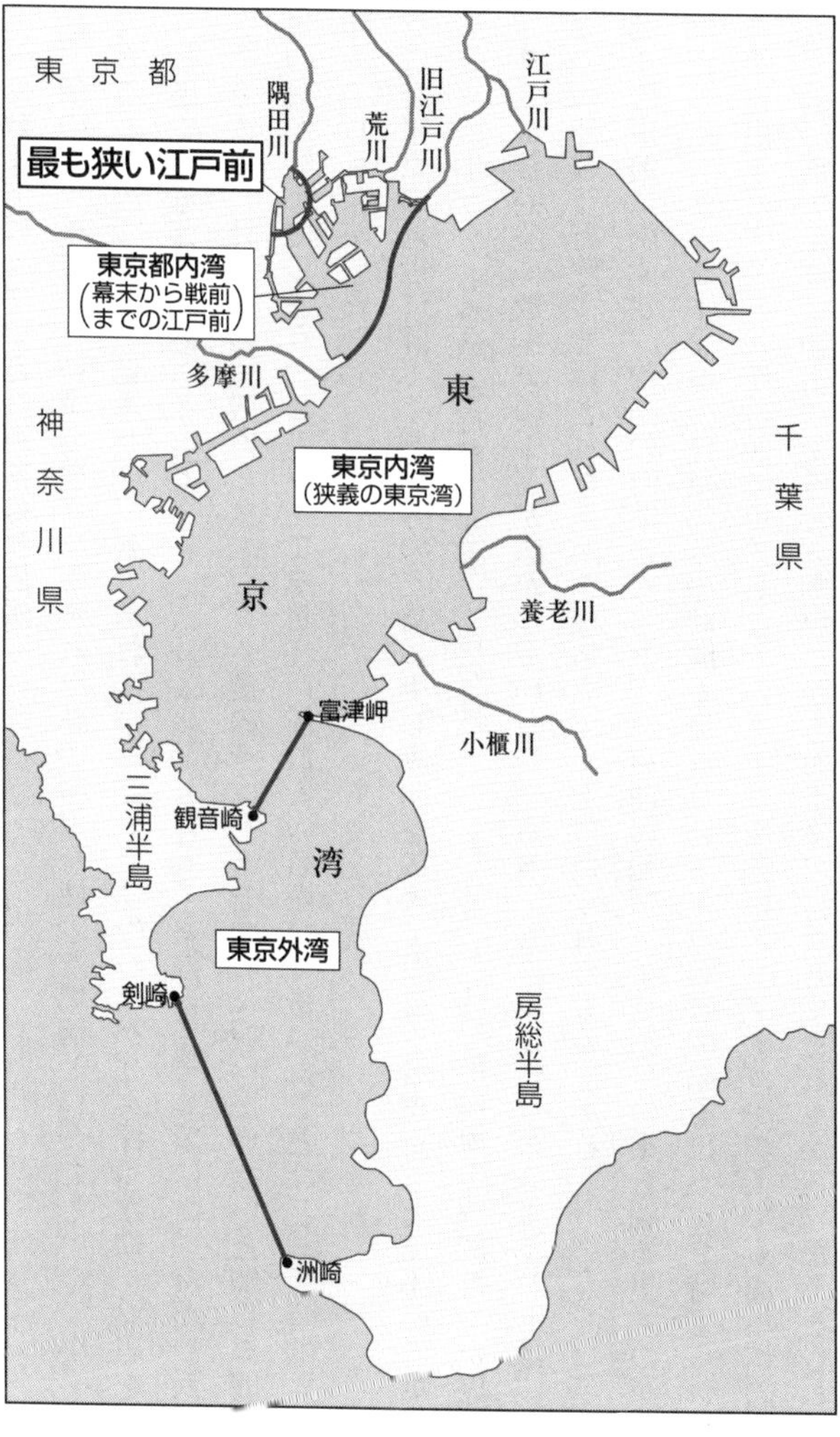

東京都
隅田川
荒川
旧江戸川
江戸川
最も狭い江戸前
東京都内湾
(幕末から戦前までの江戸前)
多摩川
東
京
湾
千葉県
神奈川県
東京内湾
(狭義の東京湾)
養老川
富津岬
小櫃川
三浦半島
観音崎
東京外湾
剣崎
房総半島
洲崎

昭和40年代まで残っていた江戸前の原風景

江戸前の海。そこは、終戦の翌年に生まれた私が産湯《うぶゆ》を使った場所といってもいい。小学生になると浜辺で泳ぎを覚えたり、食べきれないほどアサリやハマグリを採ったり、浜辺を掘ると出てくるゴカイという虫をエサにハゼを釣ったりと、遊びに興《きよう》じていた。ただし浜はどこもカキ（牡蠣）の貝殻だらけで、ゴム製のサンダルをつねに履《は》いていないと知らぬ間に足の裏が切れてしまう。このカキこそが江戸前最大の名産品であったことなど、当時はまだ知るよしもなかった。

ここで東京の地理に詳しくない方のために少し説明を加えておこう。東京都と千葉県の東京ディズニーランドを結ぶ首都高速湾岸線の真下が、ちょうど江戸前の海の浅瀬だった場所。そこから内陸に数キロの干潟《ひがた》が広がっていたのである。ちなみにディズニーランドは、浦安の「沖の百万坪」と称された干潟を埋め立てた上に造られたものである。

話を江戸前に戻すが、梅雨《つゆ》の時期になると、江戸前の船宿《ふなやど》は半夜《はんや》釣りの乗合船《のりあいせん》を出すのが恒例だった。サラリーマンの仕事帰りの時間を見計らい、夕方6時頃船を出し、9時ぐらいまで竿《さお》を出す。すると、江戸前の魚である太いアナゴや細いメソアナゴが素人《しろうと》でも簡単に釣れた。釣ったアナゴは船宿に戻ると、割《さ》いてからお土産《みやげ》に持たせてくれたから、なんともお手軽な釣りだった。

それが終わると沿岸はハゼ釣りを楽しむ家族連れで賑《にぎ》わい、秋の彼岸《ひがん》近くになると小さな木造船に客をめいっぱい乗せたハゼ釣りの船が羽田から深川の沖までを埋め尽くす。その光景は「今年も秋の風物詩始まる」と、毎年、空撮写真で新聞紙面を賑わしたものである。やがて初冬になると海には浅草海苔を養殖するヒビ（篊）が林立するようになる。その間を船頭さんに流してもらうと、20センチ近くに育ち抱卵《ほうらん》したハゼが正月まで釣れる。この時期のアタリは微妙で、50尾も釣れれば江戸前釣り師としては一人前と認められた。

年が明けると同時に釣り物は変わり、びっくりするほど大きなマコガレイやアイナメ、モヨ（おそらくムラソイ）、そして江戸前のてんぷら種には欠かせなかったギンポという魚などが釣れ、5人家族で一度には食べきれないほどの大漁に恵まれる海であった。

昭和30年代までの米屋は年中無休。夏の「藪入《やぶい》り」と正月の三が日だけは、店で働く「小僧さん」たちを実家に帰したが、その間も父はひとりで店を開けていた。子ども心に「なにも元旦から……」とか「お盆の休みまで店を開けなくても」と思ったが、実際、何人かお客さんが来たのにはびっくりした。それも「すみませんが1升だけ売ってくれませんか」というお客さんばかり。当時、「米の一升買い」というのは貧しい家に限られていた。祝《いわ》いの雑煮《ぞうに》箸《ばし》を途中で置き、父は店に出る。「年末の勘定をすませてやっとひと息ついたんだろう。残っていた餅を少し持たせてやったよ」などと言って戻ってきたのを、今でも覚えている。

父と遊ぶのは、店の前で米俵《こめだわら》の両端を押さえる丸い藁《わら》（桟俵法師《さんだらぼっち》と呼ばれていた）をほぐしてたき火をしたり、焼き芋を焼いたりしてもらうぐらい。日曜日には家族で外出という勤め人の家族が、うらやましくて仕方がなかった。父は、せめて子どもには大好きな釣りをさせてやろうという親心で、早朝、自転車の後ろにくくりつけた籠《かご》に乗せて木場《きば》の船宿「太《たい》平《へい》」まで送ってくれるのだ。大人に交じって船に乗る小学生は、私ぐらいのものだったから、船頭たちには大いにかわいがってもらったいい思い出が残っている。

深川という場所は木場へ材木を運び込むため、江戸の昔から運河が縦横に走り、川面《かわも》いっぱいに筏《いかだ》が浮いていた。当時、お大名はそこに浮かぶ筏の上に毛氈《もうせん》を敷き、屛風《びょうぶ》を立ててタナゴ釣りを楽しんだとされる。この釣りは「桟取り釣り《さんど》」と呼ばれ、大名だけでなく下級武士や懐《ふところ》具合のいい町人も大いに楽しんだようで、戦前までタナゴを釣る人で賑わったようだ。

江戸時代に書かれた『東都釣場案内図』などを見ると、わが家の前を流れる小名木《おなぎ》川には「タ（タナゴ）」のほかに「フ（フナ）」「コ（コイ）」「ウ（ウナギ）」「ハ（ハゼ）」などの記号が無数に記入されていたほどの釣り名所であった。ちなみにこの小名木川は、徳川家康が江戸入城に際し、下総《しもうさ》（千葉県）・行徳《ぎょうとく》の塩田からお城に塩を運ぶために掘削《くっさく》した運河。小名木川から先は、お城の前にあった出島である江戸前島《まえじま》に掘った道三《どうさん》堀を経て、大量の塩を城内まで船で直接積んで運び込んだことで知られている。

また後述するように、江戸時代の小名木川といえばウナギ漁のメッカで、「本場物」ともてはやされた深川のウナギとは、ここの産だった。当時の漁の様子は、『木場名所絵図』（深川図書館所蔵）に描かれている。両岸の護岸に積んだ石の穴や川底の泥の中に、大量のウナギが棲息《せいそく》していたようだ。

初めて出会った「江戸前」という言葉は、2代目三遊亭金馬の本

子どもの頃から釣りと読書が大好きだった私は、小遣いのほとんどを釣りの雑誌や本に費やしていた。

私が高校に入ってしばらくして、ある日、行きつけの本屋をのぞくと『江戸前釣り師　釣ってから食べるまで』という本があり、「三遊亭金馬」と背に書かれていた。裏表紙には大好きだった2代目三遊亭金馬師匠が、手にした竿《さお》に狂いがないかを調べている写真が載《の》って

いる。まだ新書がブームになる前だったと思うが、昭和37年9月に徳間書店から出版された本で定価は300円。当時としてはべらぼうに高い本だったが、思い切って買った。

金馬師匠が昭和29年にタナゴ釣りの帰りに千葉県・佐倉《さくら》の鉄橋を歩いて渡り、汽車にはねられ大怪我をした話は父から何度も聞かされていた。小学生のときから落語は大好きで寄席《よせ》に何度も通ったし、発売元はたしか金園社《きんえんしゃ》だったと思うが、分厚い『落語全集』上下2巻を丸暗記し、小学校の卒業式の後に催された謝恩会で高座を作ってもらい、「えー、まいど馬鹿ばかしいお笑いで、一席お付き合いを願います」の口上で始まり、『近日息子』をご披露に及んだほどである。

「ひ」と「し」がごっちゃになる江戸っ子訛《なま》りで語る金馬師匠の落語をラジオにかじりつくようにして聞くのが好きだったから、『江戸前釣り師』は何度も読んだ。師匠は住まいが本《ほん》所《じょ》だったそうで、通った釣り場や釣り物は、私とほとんど一緒だったことに共感した。この本によって師匠が名工の誉《ほま》れ高い銘竿《めいかん》をお持ちになっていたことを知ることができた。後になって、私が釣り雑誌の連載のタイトルなどに『江戸前釣り師の独り言』などと、江戸前という言葉を多用するきっかけとなった本である。

ところがこの本には、江戸前のなんたるかはほとんど書かれていない。江戸前の話は、

「とりあえず江戸前のフッコ竿だけを手に」という程度の表現で登場するにすぎない。どうもこの本のタイトルは、今にして思えば編集者が付けたように思われる。粋《いき》な金馬師匠は、あえて江戸前を特別に強調する必要を感じていなかったに違いない。

だいたい、本当の江戸っ子は、芝居の台詞《せりふ》に出てくるように、「てやんでえ、こっちとら江戸っ子でえ」なんて言ったりはしないもの。「三代続けば江戸っ子」などとよくいわれるから、私も人様からは「おお、生粋《きっすい》の江戸っ子ですね」などといわれたりもする。だがひと口に江戸っ子といってもピンキリなのだ。

拙著『江戸前の素顔』で、江戸和竿《わざお》の宗家・6代目東作《とうさく》の松本三郎《まつもとさぶろう》氏に関して誤記があり、川口の工房にお詫びに伺った。穏和な松本氏は笑って許してくださったが、「ところでおまえさん、生まれは？」と聞かれ「はあ、深川です」と答えると「ああ、川向こうか……」と言ったきり黙ってしまい、話題を変えられてしまった。同じ江戸でも、隅田川を渡って千葉県に近づくと、一段も二段も格下の江戸っ子と見なされたものなのだ。

たしかに江戸は広い。その江戸へ入ってくる文化は、食物などをはじめとして、京や大坂など上方《かみがた》からの「下《くだ》りもの」がほとんどだった。この上方文化偏重に対する江戸庶民の反発から生まれた言葉のひとつが、「江戸っ子」であるとされている。その証《あかし》が「くだらない」、つまり取るに足りない価値のないものという言葉の語源であるともいわれている。「江戸にも下れない」不出来なものが、「下れない」「下らない」に転化したという。

江戸の城下町の海沿いは、もともと広大な湿地帯。上野の山や神田の山を削って次々に埋立てを進め、市街地が広がっていった歴史がある。だから埋立て前から由緒《ゆいしょ》ある町として存在した日本橋、神田、浅草っ子が、生粋の大江戸生まれの大江戸育ちで、何事によらず江戸文化の発展に寄与した誇りから、元祖「江戸っ子」と称したようである。

江戸時代、隅田川に架けられた両国《りょうごく》橋は、江戸と下総を結ぶということで、ふたつの国を結んだから「両国橋」である。だから隅田川以東の本所や深川生まれは、しょせんは「川向こう」者だったのである。

話を江戸前に戻すと、詳細は後述するが、深川漁師や深川の船頭衆は、深川地先《ちさき》を深川沖、古くは深川浜、と呼んだ。これは江戸時代から漁業が盛んだった芝や品川でも同様で、自分たちが地先漁業権を持っていた浜と沖合のわずかな海域を芝浜、品川浜と呼んでいた。そして江戸中期に下総国との境界が隅田川から江戸川に移ると、東は江戸川、西は相模国との境界である多摩川に挟まれた海を江戸前と呼び習わしていた。

ちなみに私も子どもながらに船頭衆にならって、江戸川の東に位置する千葉県の海を「向こう地」と呼んでいた。今も60歳過ぎの船頭は、そう呼んでいる。

江戸前とは、そこに昭和40年近くまで存在した、漁民たちの漁場の呼称であり、どこの産地よりもうまい魚介が捕れる豊饒《ほうじょう》の海への賛辞《さんじ》だったことを忘れてはいけない。

江戸前の歴史をすべて網羅《もうら》した『東京都内湾漁業興亡史』との出合い

昭和50年頃のことである。江東区のとある事務所で昼食をとっているとき、年配の方がお見えになって「釣りの記事をよく書かれている藤井さんですよね。この本、私が持っていても一文の価値もないんで、できればもらってほしいんですが……」と言いながら分厚い本を手渡された。残念なことに今もって頂戴《ちょうだい》した方のお名前も分からない。いただいたのはケース入りの上製本で、書名は金《きん》で箔押《はくお》しされ『東京都内湾漁業興亡史』となっていた。東京都内湾漁業興亡史刊行会が発行した本で、なんと846ページの大著である。ちょっと長いが、刊行の辞を引用させていただこう。

「東京都内湾利用の先駆が、漁業者であったことは、縄文・弥生時代の昔、先人達が沿岸周辺に遺してくれた多数の貝塚によって、知ることができる。そして最近までは浅草海苔養殖業の発祥地として、はたまた各種漁業において、われら4、000余の漁民の生活の根拠であった。然るにこの長い伝統をもった内湾漁業は、大東京港構築という国策に殉じて、昭和37年を限りに、全面的に漁業権を放棄し、祖先伝来の漁業に終止符を打ち、転業にふみきるのやむなきに至った。

本書はこの内湾漁業の創始から終局にいたるまでの、沿革その他関連事項の一切を記録し、後世に残さんとの目的の下に、刊行されたものである。（後略）」

ここにいう「東京都内湾」は、文字どおり「東京都に面する海」のことであり、つまり本来の江戸前の漁場を指している。わずか110平方キロにすぎないが、そこで捕れる魚介類は、「背後の広大かつ豊沃な関東平野、並びに周辺都市から多くの河川により流入する栄養分で培《つちか》われた豊度の高い沿岸水と、そこに産出する魚介類に対する都市の需要と相まって、漁業は目ざましい発展を遂げ、その単位面積当たりの生産金額は、全国の最高位を示すに至った」（「刊行の意義」より抜粋）と記されている。

1950年の日本における漁業の総水揚《あ》げ高は、約200万トンで世界一だった。当時は『水産王国日本』が誇りだった。そのうち東京都内湾、つまり江戸前の漁獲高は約3万余トンを占めていた。ほんの猫のひたいほどの狭い海でありながら、単一の浜としてはダントツで日本一、世界で見ても単一の浜としては一番の水揚げを誇った海だったことを知る人はそう多くない。東京湾岸にそびえる高層ビルや観覧車に乗って、風が強い冬の日に見渡せば、多摩川河口から江戸川河口までを一望することができる。たったそれほどの狭い海が漁獲高日本一、いや世界一の座に１００年以上にわたって君臨してきたのである。

この『東京都内湾漁業興亡史』には、江戸前で行なわれたあらゆる漁法はもちろんのこと、明治12年から昭和40年までの主要魚介類45種について、年間ごとの水揚げ高が記録されている。それと同時に、江戸前が生んだ食文化・食品文化、精神的遺産などまでが網羅されている。

この本に出会うまで、私が幼い頃から泳ぎ、貝を掘り、魚を釣って遊んだ江戸前の海が、これほど豊かな海であったことを知らなかった。やがて、釣り雑誌の編集長を務めるかたわら、江戸前の歴史を少しずつ探り、知りうる限りの江戸前を後世に残そうと思い至るようになった。その第一弾が拙著『江戸前の素顔』であった。しかし浅学《せんがく》の身であり、大学では畑違いの学問を選んだことなどから、いくつかの誤謬について専門家の方々からご指摘を受け、ていねいなご教示もいただいた。それらもふまえて本書では、新たな視点から江戸前を考察し、多くの方に江戸前の過去、現在、そして未来をご紹介できるように心がけていきたい。

江戸前はにぎり鮨の代名詞、とだけ理解しているみなさんへ

まずは、次のページの表をご覧いただきたい。最近、魚は切り身で売られることが多くなってしまい、かつて魚屋さんの店頭に並んでいたように、魚が丸のまま売られることが少なくなってしまったが、あえて魚介ごとの江戸前におけるベスト3を列挙してみた。

ところで水揚げ高をトン数で表示されても、あまりピンとこないだろうから、少し具体的に説明を加えておこう。表の最初に記したアジだが、大正13年には３０９トンの水揚げがあった。旅館や料亭でよく出てくる姿造りにして見栄《みば》えがいいアジは、1尾が１００グラム前後だ。するとおよそ３００万尾ということになる。にぎり鮨に半身をのせてちょうどいい小アジなら、約６００万尾以上にも上ることになる。カレイだが、ひとり1尾宛で煮付けるのに最適の大きさならば、１６５トンは約１１０万尾分に相当する。

江戸前で最高の水揚げ高を誇った浅草海苔だが、10帖（１００枚）あたり３００グラムが標準だから、昭和2年の収穫高を枚数に換算すると約5億６０００万枚ということになる。これがすべて手摘《てづ》みで天日乾《てんぴぼ》しだったのだから驚きである。昭和30年頃、私は父とこの海苔篊《ひび》の間を櫓《ろ》を操って行き来する船でカレイ釣りに興じていた。周りでは、冷たい海に両手を入れてノリを摘《つ》む姿がそこかしこに見られた。それを見ただけで「俺は大きくなったら漁師

江戸前（東京都内湾）魚介類・年間漁獲高ベスト３
（明治12年〜昭和40年）
単位トン（以下四捨五入）。カレイにはヒラメも含む。カキはむき身

魚介名	1位	年度	2位	年度	3位	年度
アジ	309	大正13年	255	大正11年	41	明治33年
サバ	29	昭和9年	11	大正14年	2	明治40年
マダイ	158	明治33年	14	大正14年	10	大正13年
カレイ	165	昭和6年	161	昭和元年	148	昭和5年
ハゼ	383	昭和15年	318	昭和29年	257	昭和13年
マルタ	127	昭和29年	126	昭和28年	106	昭和27年
スズキ	2,121	昭和32年	238	昭和29年	190	昭和30年
マゴチ	58	明治33年	33	明治32年	31	明治37年
クロダイ	227	明治34年	171	明治36年	162	明治38年
アナゴ	338	大正7年	268	大正8年	128	昭和29年
ウナギ	439	昭和15年	331	昭和9年	324	昭和14年
サワラ	157	大正13年	155	大正14年	9	大正元年
ボラ	728	昭和6年	639	昭和8年	541	昭和10年
シラウオ	66	昭和18年	59	昭和9年	58	昭和8年
イカ	68	昭和7年	59	昭和8年	58	昭和15年
サヨリ	20	明治42年	20	明治44年	20	明治42年
ギンポ	24	昭和30年	20	昭和32年	13	明治37年
カニ	657	大正12年	479	昭和8年	408	昭和15年
シャコ	1,498	昭和7年	1,490	昭和8年	1,084	昭和9年
シバエビ	394	明治42年	297	昭和元年	285	昭和8年
カキ	2,842	昭和8年	2,524	昭和7年	1,920	昭和9年
ハマグリ	10,585	昭和18年	5,663	昭和19年	5,431	昭和20年
アサリ	22,761	昭和14年	20,200	昭和12年	18,035	昭和8年
アカガイ	1,522	昭和30年	1,078	昭和20年	511	昭和6年
トリガイ	246	昭和28年	225	昭和27年	150	昭和29年
シジミ	3,012	昭和14年	1,550	昭和15年	1,411	昭和13年
サルボウ	21,879	昭和34年	19,404	昭和35年	18,172	昭和36年
浅草海苔	16,845	昭和2年	16,357	昭和元年	16,220	昭和9年

昭和32年までの基礎資料は貫目表示で記録されているが、トン数に書き改めた

にだけは絶対ならないぞ」と思ったものである。

初冬から春3月頃まで、江戸前の海岸線はどこも、この海苔干しの棚で覆《おお》い尽くされていた。内湾はどこも、このノリを干す磯《いそ》の香りに満ちていた。また、当時のノリは高級贈答品で、父は新年の挨拶に行く折、お年賀と書いた5帖のノリを手提《さ》げ袋に入れ、上得意先を回ったのを今もはっきり覚えている。江戸前の新海苔は、どの家でも重宝された高級贈答品の筆頭格だった。相手の方は「いつもすみませんね。でもコレ、毎年楽しみにしているんです」と、返礼にタオルなどをいただいて帰ったものである。

さて、もう一度表をご覧いただこう。チェックしていただきたいのはカキである。じつは、浅草海苔に次いで江戸前の名物だったのが、このカキだった。しかもこの表は、天然物だけの数字である。江戸前の海はどこもほとんど水深が15メートル以浅で、干潮《かんちょう》になると海底が干上《ひあ》がる浜辺が多かった。そこに天然の牡蠣礁《かきしょう》がいくつも出来ていたから、ただバールで起こすだけで天然のカキがいくらでも採れた。おっと、過去形で書いてしまったが、現在でも江戸前に牡蠣礁はたくさん残っている。また、残されたわずかな海岸をゆっくり歩いてみれば、そこかしこに天然のカキが生き残っているのを目にして驚かれることだろう。

江戸前では、江戸時代からカキの養殖が盛んに行なわれ、カキの水揚げ金額で全国1位に輝いたことが明治以降だけで5回もある。養殖カキの水揚げ重量では、明治38年の３０５万貫（１３００万トン余）で、２位の広島県に２００万トンも水を空《あ》けた、輝かしい歴史を持っていた。

一方、なんとも寂しい話もある。ハマグリの水揚げである。天然のハマグリは今では東京内湾からほとんど姿を消してしまった。しかしハマグリもかつては千葉県や、「その手は桑《くわ》名《な》の焼き蛤《はまぐり》」で知られた三重県などを抜いて、水揚げ高日本一に輝いたことが三度もある。江戸時代、深川猟師《りようし》町（江戸時代は「漁師」も「猟師」と表記されていた）は幕府にハマグリとフッコ（スズキの若魚）を毎月２回献上することで、御菜浦《おさいうら》となったという経緯もある。

アサリにしてもしかりである。恐ろしいほどの水揚げがあった。アサリは浮世絵にもあるように、洲崎《すさき》など深川の名物だったようだ。日本橋で明治12年に創業した吉野鮨の店主・吉《よし》野正二郎《のしようじろう》さんによれば「アサリのことを私たちは昔っから『深川』って呼んでたんですよ。なんでだか分かる？　アサリは漢字で書くと『利が浅い』と書くでしょ。これじゃ縁起が悪いやね。鮨屋って昔からけっこうゲンを担ぐ商売だったんですよ」と教えてくれた。アサリを使った炊き込みご飯の深川飯、アサリのぶっかけ飯の深川丼の呼称も、アサリを深川と呼んだことから始まったんだと、江戸っ子らしい早口で語ってくれた。

こうして見てくると、かつて世界一の人口を誇った江戸の前面の海が、世界一の魚介類の水揚げを記録しつづけたのだから、本来なら世界遺産に登録されてもしかるべきだったと私は痛感している。その生産力の根源となる浅瀬を、なんのためらいもなく次から次と埋め立ててしまうという愚挙を犯した為政者《いせいしゃ》の責任が問われてしかるべきであろう。

もう1点、戦争中に貝類や小魚の水揚げ高がぐーんと跳ね上がる傾向が見て取れる。これは町工場などの操業が制限され、汚水が川を通じて江戸前の海に流れ込まなくなったからだとされる。こうして具体的な数値で見ると、川を汚さないことがいかに大切かがよくわかるのだ。

江戸時代に書かれた江戸前の定義を振り返ってみよう

現在の東京湾を意味する最古の出典は、三浦浄心《みうらじようしん》が書いた仮名草紙《かなぞうし》『慶長見聞集《けいちようけんもんしゆう》』（1630年頃）に登場する「相模・安房・上総《かずさ》・下総《しもうさ》・武蔵《むさし》此五ヶ国の中に大きなる入り海有」だとされている。さらに同書には「いまは鯨、江戸浦まで着たりて」と書かれている。東京湾は大きな「入り海」であり、その北端が「江戸浦」と呼ばれ、「江戸前」という呼称ではなかった。

それはさておき、江戸城下までクジラが入ってきたというのだから驚かされる。数年前もゴマフアザラシが迷い込んできたときは大騒ぎになって愛称まで付けられて連日ニュースで取り上げられたが、初めて大きなクジラを目にした江戸の庶民はびっくりしたに違いない。江戸前や行徳《ぎようとく》など東京湾の北部、いわゆる東京湾奥《とうきようわんおう》にクジラが迷い込んだ記録は数々残されている。なかには興行師が買い取って見せ物にし、江戸から人々を船に乗せて沖に出て見物させたこともあったようだ。

生きたクジラは、当時から肉を食べたり鯨油を採ったり、髭《ひげ》を加工したりと貴重品であった。ところが浅瀬《あさせ》に乗り上げて死んでしまうと始末に負えなかったようだ。深川猟師町 相《あい》川町代々の名主《なぬし》である相川新兵衛《あいかわしんべえ》が書き残した『寛永録』には「幕府より入札すべしとのお達しがあったが、不要なので安値を出したら案の定落札できずに安心した」という趣旨のことが載っている。

さて、肝心《かんじん》の江戸前だが、文献に残る最古のものは、享保《きようほう》15年（1730年）に下総国・舟橋《ふなばし》村（現在は千葉県船橋市）の猟師総代が、他の猟師町の者が舟橋村の浜に網などをかけ漁業権益を侵《おか》さないよう御奉行所《ぶぎようしよ》に願い出た文面だとされている。「（前略）かいがみおからはねだ浦迄を江戸前と申来候事（後略）」と書かれており、現在の千葉県市川市の沖合から東京都大田区の羽田あたりまでが江戸前の漁場であるとされた。東京の猟師町や千葉県浦安の漁師たちは、戦後までこの漁場名称を口伝《くでん》として残して守ってきたことは、高橋在久氏が『東京湾水土記』に書かれている。

ところが享保《きようほう》頃になると、江戸前という言葉は、浅草川（現在の隅田川河口）と深川（主に小名木川）で捕れたウナギだけを指す言葉に転じていく。エレキテルの発明でその名を知られる平賀源内《ひらがげんない》の『吉原細見《よしわらさいけん》・里のをだ巻』の中に次のような一文がある。

「吉原へ行き岡場所へ行くも皆それぞれの因縁づく。よくも有り悪いもあり。江戸前うなぎと旅うなぎ程のうまみも違わず。下り酒と地酒ほどの水の違いあらざれば、吉原に糸瓜《へちま》あり、岡場所に美人あり」（一部現代訳）と表現している。ここにいう「江戸前うなぎ」が、浅草川と深川産のウナギで、「旅うなぎ」とは隅田川上流や、遠く利根川から運ばれてきたウナギである。ただ、この文章は正しく読まないと意味を取り違えてしまう。「江戸前のうなぎと旅うなぎでは味がまったく違う」が、その逆のたとえとして当時、「吉原（幕府公認の遊郭）と岡場所（非公認の遊郭）の女の良し悪しには、それほど大きな違いはない」と、江戸前のウナギを賛美しているのである。

また、この時代以降、さまざまな料理店のランク付けが、相撲の番付表を模倣して「見立て番付」として世に流行した。ウナギの蒲焼きに関しての表題は『江戸前・大蒲焼き』と書かれており、「鰻」の文字はどこにもない。江戸前がウナギの代名詞となったのである。だから文字の読み書きができない者が蒲焼き屋を始め、看板に「江戸前」とだけ書いた逸話さえ残っているという。

次に江戸前が出てくる文献は、弥次さん喜多さんで有名な、十返舎一九《じっぺんしゃいっく》の『東海道中膝《とうかいどうちゅうひざ》栗毛《くりげ》』（1802〜1809年）の「発端」である。両名が江戸に来た当初、神田八丁堀《はっちょうぼり》の小さな借家を居《きょ》とし、少々の蓄《たくわ》えがあるのをいいことに飲食にふけり、「江戸前の魚の美味《うまみ》に、豊島屋の剣菱《けんびし》、明樽《あきだる》はいくつとなく」という下りだ。広辞苑にも引用された一文である。ここでいう江戸前が、寛永《かんえい》年間に出来上がったとされる日本橋魚市場の魚か、それとも芝浜や品川浜の魚かは残念ながら判断がつきかねるが、この一文で江戸前が漁場を指す言葉であったと読み取ることができる。

また、西澤一鳳《にしざわいちおう》が『皇都午睡《みやこのひるね》』（享和2年・1802年）の中で江戸前を「大川より西手、御城より東手」と書いたことが、江戸研究の第一人者であった三田村鳶魚《みたむらえんぎょ》の著作に載っている。ここでは隅田川より西側で、江戸城より東側ということになるから、現在の中央区・佃島や霊岸島《れいがんじま》の沖あたりになるのだろうか。この一文もよく引用されるが、西澤一鳳は関西出の戯曲家であるという私の偏見があるかもしれないが、どうもあまりにも範囲が狭すぎて、にわかには信じがたい。

江戸幕府に出された公文書から、江戸前という表記の再検証を試みる

日本橋魚市場を構成した代表的な4組合が、幕府の「御肴役所《おさかなやくしょ》」の求めに応じて提出した回答書なるものが現存している。そこには漁場としての江戸前の定義がはっきり書かれている。

この文書を発見し、近代になって最初に引用したのは池田《いけだ》弥三郎《やさぶろう》氏で、生まれ育った日本橋界隈を書いた『日本橋私記』の中ではなかろうか。引用の出典は、明治22年5月に日本橋魚會が編纂した『日本橋魚市場沿革紀要』という本である。その中の「回答書」に以下の文言がある。

「但し江戸前と唱えし候場所は、西の方、武州（江戸）品川一番の棒杭と申す場所・羽根田（羽田）海より江戸前海への入口にござそうろう。東の方、武州深川洲崎松棒杭《すさきまつぼうぐい》と申す場所、下総（千葉県北部）海より江戸海への入口にござそうろう。右、一番杭と松棒杭を見切りに

いたし、それより内を江戸前海と古来より唱えきたりそうろう」（一部現代訳）と書かれている。

この一文も、江戸前の定義を書いた本にはしばしば引用されている。ただし、私が今回注目したいのは、その後半に書かれた文章である。読みやすいように現代文に近く書き換えてご紹介しよう。

「（中略）西の方、相州（神奈川県）走水《はしりみず》村の洲の先端から、東の方上総国（千葉県中部）富津《ふっつ》村の洲の先端と東西を見切った一円を内海と呼び、古来から入組（入会漁場）にて候」

走水《はしりみず》の先端とは、神奈川県・観音崎《かんのんざき》に相当する。ここと千葉県・富津岬を結んだ内側の海は、現在の神奈川県、東京都、千葉県それぞれの漁民が漁をすることを認め合った入会《いりあい》漁場であったと書かれている。ということは、江戸漁民がこの入会漁場で捕って日本橋魚市場などに持ち込んだ魚も、江戸前と認められたという論拠となる貴重な一文である。

この入会漁場の中で最も大きい漁場が中ノ瀬と呼ばれる場所だ。中央部が水深15メートルほどの浅瀬になっており、四季に応じてさまざまな魚介が捕れる。ここで捕れるアジは脂が乗って体高《たいこう》があり、千葉県・「金谷《かなや》の金《きん》アジ」に負けず劣らずの美味である。ただ、とさどき大型船が船底をこするので、一部を削ってしまおうという暴論も出ている瀬である。

後述するように、2004年から翌年にかけて、私は水産庁提案による江戸前の定義に激しく抵抗した。江戸前とは、昔も今も江戸の前海、つまり東京都内湾であるが、せめて拡大解釈を許すとしても、ここにいう「内湾」に限ることを主張しつづけた。だが水産庁からは「東京湾を内湾と外湾に分けるのは、一般人に分かりにくい」というひと言で、退《しりぞ》けられてしまった。

ところで細かいことだが、富津岬とは、鳥のくちばしのように尖《とが》っており、砂州《さす》は南北両側の海に広がっている。したがってシロギスやスズキ、コウイカなど数多くの魚がいずれの海域でも捕れるし、ノリの養殖も行なわれている。したがって広辞苑に東京湾「周辺」と書いてあるのは、このあたりの事情によったと推察される。

いったいなぜこんな微細にわたる文書が書かれたのかを考えてみたい。

まず「回答書」の宛先は「御肴役所」となっているが、魚納屋役所とも呼ばれ、江戸幕府が城中で必要な魚介類を調達させるために設けた機関だったという。日本橋魚市場が出来た当初は、営業許可を与える代わりにお城へ魚を納めることを義務づけられていた。それにしても魚好きで知られた江戸幕府の開祖・家康公のみならず、歴代の将軍直々《じきじき》の御用達《ごようたし》である表《おもて》御台所《みだいどころ》から、将軍の隠居所である西丸《にしのまる》御台所までの需要をまかなうには、半端な量の魚介ではなかったようだ。税金の物納ともいうべきこの制度は、魚問屋組合にとってみればかなり重い負担となり、そのため不評で紛争が絶えず、寛政《かんせい》４年（１７９２年）、遂に納付義務は廃止され幕府は必要な魚を買い上げることとなった。

ところがどっこい、「買う」とはいっても「御上《おかみ》」が相手のことである。今度は指《さ》し値《ね》で安く買いたたかれたからたまったものではない。そこで魚問屋は防御策として、上物の魚を隠したり買い上げを忌避《きひ》したりと、あの手この手で立ち回り、その後も紛争が絶えなかったようだ。

そんな中、世に江戸前の魚はうまいとの風評が流れ、ときの将軍がお聞きになったのかは定かでないが、「いったい江戸前とはどこで捕れた魚をいうのじゃ。しかと返答申せ」というようなご下命が下された。残念なことに「回答書」は現存するものの「質問書」は存在しないから、口頭での質問に及んだのではと推測してみたまでである。

当時、日本橋魚市場は大きく４つの組合で構成されており、本小田原町《ほんおだわらちょう》組総代の大和田《おおわだ》庄兵衛《しょうべえ》以下、各組総代が連名で前記のような回答に及んでいる。

なお、御肴役所は名称や形態を変えながらも、明治元年６月25日まで継続したと伝えられる。

幕末に書かれた書物には、武蔵国（江戸）の前の海はすべて江戸前と定義

天保《てんぽう》2年（1831年）に武井周作《たけいしゅうさく》が書いた『魚鑑《うおかがみ》』という本がある。武井周作はお医者さんだったが、魚好きが高じて日本橋魚市場の近くに転居し、河岸《かし》に水揚げされる魚の産地や味、効能などを書きとめてまとめたのが『魚鑑』という本だ。江戸時代には魚類図鑑というか魚類目録的な大作が何冊も書かれたので、この本が注目を浴びることはあまりないようだ。しかしこの本には江戸前がしっかり定義されている。イワシの項では「ほうぼうの海多しといえども東武《むさし》の内海の産、いわゆる江戸前にして味わいよく他州の産にまされり」と書かれている。

また、こんなくだりもある。イナ（ボラの若魚）の項には「（前略）諸々の魚、神奈川沖よりこなたに生きるもの、いわゆる江戸前ととなえて、賞味せぬものぞなき。昔はをゐど（汚穢土）、いやむさし、きたなしと戯れたる（後略）」（一部現代語に書き換え）と戯《ざ》れ言《ごと》を述べながらボラの味覚を論じている。このあたりが、この本の魅力のひとつといっていい。

私は、江戸時代に生きた人たちのほうが、現代人より味覚に優れていたと信じている。調味料は限られており、合成保存料や着色料もない。まして保冷技術もない時代、魚に限らず食物の味に関する良否を判別するには自分の味蕾《みらい》だけが頼りだったはず。現代人よりはるか

に味の識別能力が発達していたに違いない。だからこそ江戸前のウナギと江戸後ろや旅鰻と称されるウナギに対して、産地ごとの判別ができたとしても不思議はない。

江戸前産の魚の味覚に関しては、次の章のテーマなのでここではこれ以上触れないが、江戸前をこれほど簡潔に述べた文書は『魚鑑』以外にはない。

江戸前とは、最初はごく狭い範囲の海を指したのかもしれない。広辞苑には「芝や品川など」との断わり書きがある。それは、舟を出して沖で漁をする漁村としては、芝と品川それぞれの浜が保有する船数が断然多かったこと。東海道の宿場《しゅくば》で最初の宿が品川で、賑わったことや近くに遊郭・私娼街があり、新鮮な魚介に対する需要がかなりあったこと。この2点があったゆえの断わり書きだろう。したがってそれぞれの浜で揚《あ》がった魚介は、すべて日本橋魚市場には出さなかったようである。

ところで広辞苑の「江戸前」には、「①東京湾付近で捕れる魚類の称」とある。つまり漁場ではなく、そこで捕れた魚が江戸前ということになる。

これについて、前述の吉野鮨を営む吉野正二郎さんは、「ウチは創業したときから、すぐそこにあった日本橋魚市場からは魚は買わず、芝で揚がった魚だけを仕入れてたんだ。日本橋に並ぶ魚はみんな上がり（死んだ魚）だろ。ところが芝の魚はみんな活《い》けだったからね。

（銀座）中央通りはまだ舗装されてなかった時代に、大八車《だいはちぐるま》に桶を積んで運んでくるんだから、ガラガラガラッて、そりゃすげえ音がしたもんよ。するってえと『江戸前が来た、江戸前が来た』って表に飛び出したもんだ」と昔の風景を語っていた。ご主人は、ご自分では意識していないだろうが、江戸前で捕れた魚そのものを江戸前と呼んでいた、生き証人なのである。

水産庁が設けた、「豊かな東京湾再生検討委員会」の分科会委員の委嘱《いしょく》状

平成16年3月、朝日新聞夕刊の下段に「水産庁が『江戸前』再生に本腰」の見出しが躍った。昭和40年代には絶滅したとされるアオギスを放流し、江戸時代から江戸前の風物詩だった脚立《きやたつ》釣りの再現を図るなど、江戸前を再生するために「豊かな東京湾再生検討委員会」（座長・清水誠《しみずまこと》東大名誉教授）を発足させ、いくつかの分科会に諮問《しもん》するという趣旨の記事が掲載された。

翌朝、水産庁に電話をして確認すると、電話は漁場資源課の環境調査班というところに回された。委員会を傍聴したいので期日や場所を教えてほしい旨を告げると、「インターネットの水産庁のプレスリリースに記載するのでそちらをご覧いただきたい」という回答だった。ネットでチェックしてみると、たしかに会場や日時が記載されていたが、その日を失念してしまっていた。それから1カ月も経《た》った頃、水産庁から拙宅に電話がかかってきた。用件は、「豊かな東京湾再生検討委員会」（以後、委員会と表記）の分科会の委員を引き受けてくれとのことだった。突然の申し入れに驚いたが、拙宅には水産庁漁業資源課の方と、この委員会を裏でサポートする日本水産資源保護協会の方がわざわざお見えになった。

私が委嘱を受けるのは「親水機能分科会」という、なんともなじみのない名称の分科会。聞けば拙著をお読みになって「釣り人の代表」という立場から、どうしたら東京湾をもっと親しみやすい海にできるか、という視点から意見を述べてほしいそうだ。また、「食文化分科会では、江戸前という言葉の定義を検討しているので、そちらにはオブザーバーという形で参加をいただき、ご発言願いたい」という趣旨を述べられた。

「お引き受けしてもいいけど、私が参加するときっと荒れますよ。筋の通らない話には徹底して噛《か》みつきますからね。深川っ子は喧嘩っ早いよ」と脅しをかけてみたが、「それは大いにけっこうで、願ったりです。委員会へはわれわれが提言をまとめて議案をお出しするのですが、はっきりいって議論が低調でして……藤井さんがお書きになった本では、定説にかなり強烈な異論を書いていらっしゃるので、ぜひご参加いただきたい」と若いおふたりに熱心に頼まれ、お引き受けすることとなった。

委員を引き受けた当初、私は大きな勘違いをしていた。委員会には潤沢な予算があって、「稚魚《ちぎょ》のゆりかご」といわれる失われた東京湾の渚やアマモの繁茂《はんも》状況を視察したり、東京湾に面する1都2県の水産試験場などとタイアップし、魚介の棲息《せいそく》データを提供していただいたりしてから、具体的な再生プランを作るのだとばかり思っていたのだ。

ところが実態はまったく違っていた。水産関係の大学院を出た優秀な霞ヶ関のキャリアが作製した見事な議案が事前に郵送されてくる。それに関して委員会当日、3時間前後の時間をかけて意見を述べ合うという仕組みなのだ。

私が所属する分科会の議案では、釣漁技術史が専門である私でさえ見たことも読んだこともない江戸時代に書かれた釣りに関する文献をいくつも引用してあった。それは見事な論文の披瀝《ひれき》で、報告書には意見など差し挟む余地は微塵《みじん》もなかった。

「江戸前とは広く東京湾全体を指す」という水産庁の提言に激怒

食文化分科会は、江戸前という言葉の検証と同時に、漁場としての江戸前とはどこを指すのか、という具体的討論にすでに入っていた。そこに私はオブザーバーとして出席し、発言を求められた。水産庁の基調報告では、かつては江戸城の前であり、羽田沖から江戸川河口あたりまでを指したが、すでに漁業がほとんど行なわれていないので、東京湾全体を江戸前と定義し、東京湾ブランドとしての魚介を全国に見直してもらおうとのことだった。

事前に水産庁の議事進行担当から「発言は5分から長くても10分程度で」と言われていたので、発言の趣旨はレジメにしてみなさんにお配りしておいた。

座長に促されて私が行なった発言は次のような趣旨だった。

まず、東京内湾の漁業は、昭和37年12月の漁業権放棄に伴う補償でほぼ終焉《しゅうえん》し、それ以後、浅瀬は次々と埋め立てられてしまった。だが、東京都水産試験場が毎月行なっている定点調査で、180種を数える魚種の稚魚が今もって確認されている。残念ながらシラウオやアオギスこそ絶滅してしまったが、シロギス、アイナメ、ギンポ、マコガレイ、ソイ、それにヒラスズキなどさえわずかに残された浅瀬にしがみついて必死に生きている。たしかに漁業権を失ったから漁業者こそ激減したが、遊漁船《ゆうぎょせん》での釣りや、陸から多くの都民や県民が釣りを楽しんでいる実態をまず知っていただきたい。

次に、水産庁の提案は、「江戸前の便乗商法」ともいうべきもので、論外である。水産庁が指導している魚介類の産地表示は、水揚げ港主義を原則としている。その魚介が捕れた漁場だけでは産地表示ができないことになっているはず。それを、東京湾をひとくくりにし、漁場として江戸前と呼ぶのはおかしい。

そして水産庁提案の最も恥ずべき誤りは、東京湾における首都東京の奢《おご》りを神奈川県民と千葉県民に押しつけることである。

わかりやすく話をしよう。神奈川県には、有名な松輪《まつわ》サバがある。この松輪サバの漁場は、じつは東京湾の観音崎周辺であり、第三海堡《かいほう》(現在は除去されて海底に痕跡《こんせき》があるだけ)周辺がメインとなっている。松輪の金《きん》サバは、漫画の『美味しんぼ』にも登場し、刺身で食べても美味なサバ。彼らは関《せき》サバにも負けない味のサバと自負してブランド化を図っており、築地ではキロ3000円以上の高値を付けるほどになっている現状は、みなさん専門家ですからすでにご承知のはず。この松輪サバをこれからは「江戸前のサバと言え」と押しつけるのですか?

また、神奈川の鴨居《かもい》で捕れるアイナメやマダイは、徳川幕府への献上品として、鴨居の漁民は今でも献上アイナメ、献上鯛として誇りに思っています。同じく献上されたものとしては、千葉県・竹岡《たけおか》沖のマダイも同様。かつら網で献上鯛を捕った場所は、彼らは今もめったなことでは竿を出さずに温存しているのをご存じですか。

本来の江戸前を埋め立てで潰しておいて、漁場がなくなってしまったから相模の国や下総、上総、安房の国へ出張《でば》っていき「きょうからここが江戸前」って言うんですか？　これはあまりにも横暴で、身勝手というものではないですか？

それに東京から100キロも離れた洲崎や剣崎が、江戸の「前」だなんて、冗談にもなりはしない。

くどいようですが、あなた方は平気で「江戸前はもう漁場ではない」と言うが、江戸前の魚たちは必死で生きているんですよ。わずかな浅瀬で必死に生きているんですよ。それをなんとかして守ろう、というのが東京湾の再生ではないんですか？　江戸前の再生ではないんですか？

時間は20分を優に超えてしまったが、だれにも制止はされなかった。私の発言に対し、何人かの方々から質問を受け、私なりの回答をさせていただいた。持論の展開にうなずいて聞いてくださる委員の方や傍聴者もいらっしゃった。それだけに私は水産庁が「江戸前とは東京湾」という馬鹿げた見解を撤回してくれるかもしれないという、淡い期待を抱《いだ》いた。

だが、「霞ヶ関」とは、そんな甘いところではなかったのだ。

その後、もう一度だけ食文化分科会にオブザーバー参加する機会があった。その折、広辞苑の江戸前の項に書いてある江戸湾（東京湾）とは、じつは神奈川県・観音崎と千葉県・富津岬以北の海である旨が同じ広辞苑の「東京湾」の項に記されている旨だけを補足した。

深夜に届いた極秘メールと、読売新聞のスッパ抜きの内容

それから1カ月ほどして水産庁の職員の方から「水産庁は規定方針どおり、江戸前とは全東京湾ということで食文化分科会にお諮《はか》りし、採決を取る方向に決まりました」と連絡を受けた。私は、もしそんな愚挙に出るのであれば、マスコミを使ってでも異論を唱える旨を伝えた。すると、一度、責任者の課長と直接会って話し合ってほしいと申し入れがあり、望むところとすぐさま応じた。

ということで、平成17年1月某日、単身、霞ヶ関に乗り込んだ。農林水産省は古びたビルで、漁業資源課はさらに奥まった一角にあった。まあ、部屋は狭いし、机は小さい。ノートパソコンがやっと載る程度のスペースに資料が山積みされている。部屋の一隅にある折りたたみ椅子《いす》に掛けさせられ、しばらくすると担当課長が出先から戻り、両脇に大学院出のキャリア官僚が座った。

「どうぞ、分科会で発言できなかったことがあれば、この際、おっしゃってください」と課

長に促され、江戸時代から使われてきた江戸前という言葉の含蓄《がんちく》の深み、他県の魚介に江戸前の呼称を押しつける傲慢さと水揚げ港主義との矛盾などを再度述べさせてもらった。

するとサイドのスタッフがそれぞれ、江戸時代からの物流の歴史について、文献を引用しながら、あきれるほど詳細に述べはじめた。彼らが話したのは、千葉県の南房総のアワビなどや相模湾産の伊勢エビなどが、江戸・日本橋市場に運ばれたり幕府に献上されたりした歴史である。さすが霞ヶ関のキャリア組の調査網と調査能力は半端じゃない。国会議員の先生方がどんなにがんばっても、政治が霞ヶ関主導で動いていくという構図の片鱗《へんりん》をうかがい知ることができたことが、私にとって唯一の収穫だったといっていい。

最後に担当課長がこう言った。

「要するに君がいいたいことは『余所《よそ》モンが勝手に人の庭に入り込んで、ここはもうお前たちのものじゃなくなったから、今度はこっち』って言われたような気持ちというわけだ」

「ご明察、恐れ入ります。そういう意味にとっていただいてもけっこうです」

「まあ、われわれは折につけ『関西は』って言うけど、ひと口に関西っていったって広いもんな。『関西でもウチは違う』ってよく反論されたことがある。僕は東北の片田舎《かたいなか》の出だけど、自分の故郷のことなんか、みんなが知っているわけないよな。君は自分が生まれ育った海だから、そう言いたい気持ちはよく分かる」ということで1時間余の面談は終了した。

それから半年ほど過ぎたある日の深夜12時過ぎ、私のパソコンに1通のメールが届いた。そこには「明日の読売新聞に『水産庁が江戸前は全東京湾と定義』という記事が載ります。外房のアワビ、相模湾のタコなど、昔から江戸に送られていたものも江戸前に含めるようです。記事のニュースソースは水産庁ですが、担当部署の方ではないようです。江戸前を無定《むてい》見《けん》に広げることに反発する職員がリークしたようです。がんばってください」と書き添えてあった。メールに発信人を示す欄はなく、お礼のメールを送ったが、そのメールは戻ってきてしまった。

このメールの予告どおり、翌8月23日付けの読売新聞に載ったのが次の記事である。

「江戸前」とは東京湾全体…水産庁が広く定義
「江戸前」とは、東京湾全体で捕れた新鮮な魚介類を指す——水産庁は、これまで範囲があいまいだったアナゴ、シャコ、キスなど「江戸前の魚」の定義を決めた。9月にまとめる食文化に関する報告書に盛り込む。

どこで捕れた魚まで「江戸前」と呼ぶかについては、古くから「江戸川河口周辺など東京湾沿岸部に限る」説や「東京湾の北側」とする意見もあったが、実際の漁《りょう》は東京湾の南北を行き来して広い範囲で行なわれていることから、広い範囲を江戸前と認めた。

定義をまとめたのは水産庁の「豊かな東京湾再生検討委員会食文化分科会」（小泉武夫会長＝東京農大教授）。東京湾の漁業の再活性化策を協議するため、学識経験者などが昨年から「そもそも江戸前とは何か」を議論してきた。

「江戸前」は「江戸城の前」という意味で、もともとは羽田沖から江戸川河口周辺までの沿岸部を指していたとされる。しかし、分科会では「現在は漁業がほとんど行なわれていない」として、広く東京湾に江戸前の定義を拡大した。

観音崎（神奈川県横須賀《よこすか》市）と富津岬（千葉県富津市）を結ぶ線より南側では、イセエビやアワビも捕れる。「あまりに多くの魚介類を江戸前と認めるのは問題」として、江戸前の範囲を東京内湾に限る意見もあった。

しかし、内湾と外湾を行き来する魚介類も多く、江戸前ずしにはほぼすべてのすしネタが網羅される。このため、結局は三浦半島の剣崎（神奈川県三浦市）と房総半島の洲崎（千葉県館山《たてやま》市）を結ぶ線より内側をすべて江戸前とすることにした。

このほか外房のアワビ、相模湾のタコなど、昔から江戸の庶民に送られていた魚介類も江戸前と認める方向だ。
「職人により芸術の域に高められた粋な料理」も江戸前と認める。江戸前の海域以外のネタで握ったすしなどを「江戸前」として出すのは問題ないという。

この記事をお読みいただけばすぐにお分かりになるだろう。要するに水産庁は、江戸前産の魚介の提供を看板にする飲食店などの尻馬に乗ったにすぎない。まして最後の「職人により芸術の域に高められた粋な料理」の表現は、まるでミシュランガイドの三つ星でなければ江戸前を名乗れないという表現ではないか。従来の江戸風、江戸流では何か問題があるのだろうか。首を傾げるのは私だけではなかろう。

霞ケ関が見せた鮮やかな隠遁《いんとん》の術。責任をすべて回避して雲隠れ

じつは「豊かな東京湾再生検討委員会」の機構には、「アオギス再生検討委員会」というのがあった。江戸前から絶滅したアオギスの稚魚（九州産）を放流することの是非《ぜひ》と、東京湾再生に必要な環境整備のあり方について広く意見を公募した。
するとすぐ日本魚類学会からクレームがついた。理由は、①東京湾でアオギスが絶滅したという確たる証拠がない。②万が一東京湾にアオギスが棲息していれば、DNAの違う他県産のアオギスを放流することで生態系に異常をきたす、という2点である。

放流によるDNAを問題にするなら、遊漁に関してはアユ、ニジマス、イワナやヤマメなど、海ではヒラメやマダイの放流もすべきではないということになる。漁業資源としても沿岸魚は種苗《しゅびょう》放流で辛《かろ》うじて成り立っている事実もある。さて、いかがなものであろうか。

いずれにせよ魚類学会のクレームで、アオギスの放流は見送りとなってしまった。

そして肝心の江戸前の定義だが、結論からいうと、読売新聞に載った見解は、水産庁としてではなく、「食文化分科会有志の提言」という形を取った。こうした事情は一般の方は知るよしもなく、読売新聞で報じられた見解が水産庁の公式見解と今も認識されているようだが、そうではない。論議をまとめたのは水産庁の有能な職員だが、それは、「個人としてかかわった」という旨の、異例ともいうべき断わり書きまで付いている念の入れようだった。

しかも「狭い江戸前を支持する方々を強制するものではない」と、記されていた。まさに満《まん》身創痍《しんそうい》の報告書になってしまった。

では肝心の水産庁や役付の方は、この結末にどのように責任を取ったのかお話ししておこう。じつは、読売新聞の報道以降、委員会や各種分科会から、水産庁はあろうことか職員を総員撤退させてしまったのである。その理由は、だれに聞いても硬く口をつぐんで語らず、真相は闇に包まれたまま終わってしまった。

蛇足ながら申し述べておけば、水産庁の「東京湾再生」という試みは、じつに素晴らしい視点であった。ある意味で瀕死《ひんし》に近い本来の江戸前に、全国の注目を集めさせる絶好の機会でもあった。そして何より、実務というより、この機構を成功させるべく心血を注がれた水産庁職員の方の努力には、今も頭が下がる思いである。じつに素晴らしい江戸前の足跡《そくせき》を発見し、公表された。私のように浅学で在野の物書きには手が出ない資料まで探された。

ただ、得体《えたい》のしれない隠然たる力によって、そこで結集された知的財産が結果として葬り去られてしまったことがなんとも惜《お》しい。これが私の偽らざる感想である。

広辞苑第6版の表記は従来とどう変わったのか?

私は、広辞苑に掲載された見出し語の中で、主に「釣り」に関し、改訂協力者のひとりとしてさまざまな提言をさせていただいた。広辞苑の編集部から「釣り」の項目の記述について協力してくれと依頼があったからだ。そこで私は、江戸前に関しては、水産庁の試案を含め、たくさんの資料を編集部にお渡しして判断をあおいだのだ。

というか、あとは編集部の「お手並み拝見」という気持ちだった。そして第6版が発売前に送られてくると、すぐさま封を解き、真っ先にチェックしたのが「えどまえ」だった。すると、「江戸湾」の記述が消えているのがまず目についた点。また「魚類の称」が「魚介類の称」に変わり、浅草海苔の養殖なども江戸前に含まれることになったのは、喜ばしい限りである。

次に「とうきょうわん」を引くと、「関東平野の南に湾入している海湾。狭義には観音崎と富津岬を結んだ線より北側の部分を、広義には三浦半島の剣崎と房総半島の洲崎を結んだ北側の部分を指す。浦賀水道によって太平洋に通じる。沿岸の埋立てが進んでいる」と変更されていた。水産庁よりはるかに見事な「両論併記《りょうろんへいき》」といっていいだろう。

つまり江戸前には、狭義には東京内湾だけを指し、広義では東京外湾も含むことになる。残念なことに私がこだわる最狭義の江戸前・東京都内湾という説は不採用になった。頑固な私はその程度で自説を曲げる気などさらさらない。だから、これからの話を進めていく上では、特別な場合を除き、狭義の江戸前を前提とさせていただくことをお断わりしておきたい。

第2章　江戸前の魚、その美味しさの秘密を探る

魚の美味しさを語る前提にあるもの

魚に限らず肉や野菜にしても、その素材がうまいかまずいかを判断するとき、味わう人の好みによる影響を完全に排除することはできない。人が味を感じるのは、舌にある無数の味《み》蕾《らい》という突起物の作用による。しかもこの味蕾、人それぞれがあらかじめ持って生まれたもので、鍛《きた》えたり訓練したりしたからといって、発達することはほとんどないとされている。美食の大家とされ、美食倶楽部《びしょくくらぶ》・星ヶ丘茶寮《ほしがおかさりょう》を主宰した北大路魯山人《きたおおじろさんじん》は折に触れてそう述べている。

その点、『東海道中膝栗毛』の冒頭に「江戸前の魚のうまみ」と書いた十返舎一九や、『里のをだ巻』で「江戸前のうなぎは他所のうなぎとは別格」という趣旨を具体的に書いて後世に残してくれた平賀源内は、優秀な味蕾の持ち主だったのだろう。彼らに代表される江戸時代における食通の味蕾は、現代よりもはるかに発達していたに違いない。

また味蕾には、味の基本となる塩辛い、甘い、苦い、酸っぱいという4つの要素を感知する機能に加え、近年になってグルタミン酸に代表される「うま味」を識別する5つ目の機能が発見された。食べ物を口に入れ咀嚼《そしやく》しているとき、舌は味に関する複雑な要素を瞬時に判断し、素材本来の持ち味や、食材としての鮮度、調理法や調理人の腕の良否を的確に判断する。そうした舌を持っている人が「優れた味蕾を持つ」と評されるのだろう。

よく聞く話だが、有名ホテルの厨房に就職すると、コックとしての下積み時代、洗い物は新参者《しんざんもの》の役目になる。将来独《ひと》り立ちできるようになる、素質ある見習いコックは、フライパンや鍋を洗う際、底にわずかに残っているソースなどをこっそり舐《な》めて味を覚えたとされる。わずかな量を舐めただけで、どんな素材をどの程度配合してあるのか判別できる味蕾を持っているかどうかで、コックとしての上達具合に大きく個人差が出たという。そこで意地悪な先輩のコックは、下洗いしてから洗い物を新人に任せ、味を盗まれないようガードしたとも聞く。

最近ではこうした徒弟制度《とていせいど》的な教え方をすると、すぐに辞めてしまうので、基礎からていねいに教えるようになったそうだ。それでも一部の料亭などでは新人には「味は盗んで覚えろ」と今でも教えていると聞いている。

名旅館が出した「地魚の刺身」、その正体見たり！

江戸前の魚介のうまさを書くにあたり、先人が書き残した文献の引用ではなく、なるべく私自身が味わった江戸前のうま味を述べていきたい。その前提として、魚に関する私が持つ味覚と真贋《しんがん》を見分ける視覚について、実例を挙げてご紹介しておきたい。

静岡県・伊豆の海に面したとある高級旅館での売り物は、「目の前に設置された大謀網《だいぼうあみ》(定置網《ていちあみ》)で捕《と》れた新鮮な魚介でおもてなし」と、宿のパンフレットに書かれていた。この殺し文句に惹《ひ》かれてその宿に泊まったときのこと。夕餉《ゆうげ》の膳《ぜん》にはその日の「お品書き」が置かれ、さてどんな料理が出てくるかと、楽しみに待っていた。

その日のお造りは、鮪《まぐろ》、真鯛《まだい》、縞鰺《しまあじ》、障泥烏賊《あおりいか》と、端正な筆文字で書かれていた。ところが、私はまず見た瞬間に首を傾げ、口に入れると頭にカーッと血が上った。刺身になるような50キロを超すマグロが伊豆の定置網に入るとは思っていなかったが、マダイもシマアジも間違いなく養殖物だったからだ。ついでにいえば、アオリイカは明らかに冷凍物だった。

仲居さんに女将《おかみ》を呼ぶよう頼むと、すぐに飛んできた。「何か不都合でも……」と聞くので、接待した相手方に聞こえないよう別室に席を移して「このお造りはなんですか。マダイは1・5キロ程度、シマアジはキロ前後の養殖物でしょう。これがお宅の看板にする『大謀網に入ったマダイとシマアジ』かどうか、板場に行って板長に確かめてきてほしい」と申し渡した。するとややあって女将が戻ってきた。

「申し訳ありません。お客様のご指摘どおりでございました。じつは『時化《しけ》で天然物が手に入らず、養殖を使った』と板長が申しておりました。それにしてもお客様、あの切り身だけでよくお分かりになりましたね」と言われて、怒りがさらにつのったことはいうまでもない。私に指摘されなければ、客をだまし通すつもりだったわけだ。

天然物のマダイに含まれる脂肪分は約2、３パーセントとされている。ところが養殖物は8～10パーセントだからすぐに判別ができる。だが、一般の方は天然物のマダイやシマアジを召し上がる機会はそうそうないはず。だがわれわれ釣り師のハリにはよく掛かる魚で、どちらも天然物は脂《あぶら》の乗りはなんともさわやかで上品なもの。おまけに色味が全然違う。

私はまだ旅館の食事について充分懲《こ》りてはいなかったのだろう、後日、妻と一緒に同じ伊豆の「地魚料理が自慢」とホームページで宣伝している以前とは別の宿に出向いてみた。ところがその日も妻に言わすと、刺身を口にした瞬間、私の顔色が変わったそうだ。「ねえ、あなた、また女将と喧嘩するのは止《や》めてよ。これが養殖物なら仕方ないじゃない。他の物を食べましょうよ」と妻は私をなだめにかかったが、どうにも腹の虫が治まらなかった。なぜなら宿に着いてすぐ、仲居さんに、「この宿はホームページに書いてあるとおり天然物の地魚を出してくれるんでしょうね。間違っても養殖の魚なんか出さないよね」と念を押すと、「もちろんです。それが自慢の宿ですから。だからお客様のリピーターもとても多いんですよ」と笑顔で答えてくれていたからだ。

だがここでもまた出てきたのは、養殖物と移入物（安い他産地の魚介）ばかりの素材で豪勢な飾りをほどこした「舟盛り」だった。

私は、最初から「これは養殖物ですが」と言われれば文句は言わない。天然物とか地魚など偽《いつわ》って養殖物を平気で出す旅館の「偽装」が許せないのだ。

この話は後日、某大手新聞の投書欄に載《の》った。私が投書したのだが、新聞社は旅館の言い分も聴取しないと記事にはしないそうだ。担当記者によると、逃げ回っていた宿の副社長をつかまえ事実確認をしてみたら、投書が事実であることを認めたという。「夏場は天然物でうまい魚が少ないのでこの3カ月、ずっと養殖物を出していました」と答えたそうだ。

たまたま私の仕事が釣りのライターという珍しい職種でさまざまな魚介を食べ慣れているから、すぐに判別がついたのだ。年に数度しかマダイやシマアジなどの刺身を食べる機会がない方なら、天然物と偽って養殖物を出されても、気づかないことが多いだろう。建物の外装や内装にたいそうなお金をかけ、1泊3万円も4万円も取る高級旅館が、よもや農水省の表示義務違反を平然と行なうとは、思ってもみないことだろう。

新聞に私の投書が載った直後、伊豆のある漁業組合の組合長さんからお手紙をいただいた。そこには、「よくぞ本当のことを書いてくださった。伊豆の海で一生懸命に漁をしているわれわれですが、安い養殖物や『移入物』に押されて苦労して捕った天然物の魚価が下がり、漁師の生活は大変なんです。『地場の魚』を看板にする名旅館とされるところでさえも、土地の魚介を仕入れてくれないのが実態なのです。これでは新鮮な魚介を目玉にしている伊豆の宿は、いつかお客さんから愛想を尽かされますよ」と綿々と書き連ねてあった。

話が長くなってしまったが、その程度の味蕾は持ち合わせているということを前提に、江戸前の魚の味を語らせていただくことにする。

佃《つくだ》猟《りょう》師《し》町《まち》誕生と徳川家康の深いかかわり

徳川家康が江戸入府の際、摂津《せっつ》・佃村の漁師を江戸に呼びシラウオ漁などに従事させた話はあまりにも有名だ。家康はかつて、窮地に陥《おちい》った折に舟を出し手助けをした佃漁民を江戸に呼び寄せて武家の家に住まわせた。そればかりでなく、なんと漁師に姓を与え、武士と同格の扱いを許す意向であったという。

しかし佃漁民はこれを固辞し、代わりにどこの漁場にても漁業が行なえる許可が欲しいと願い出た。家康は快諾《かいだく》し、井伊《いい》直政《なおまさ》に命じて「水三合、船足の及ぶところ漁することかまいなし」と書き記した布を渡した。「水三合」とは櫂《かい》の長さで3尺・約90センチメートル。舟が入れるところならどこでも漁をしてかまわないという免許である。

ところが漁師たちは、この文言が読めないと申し出る。すると家康は、直筆で船主の名前を書いた免許状を与えたと伝えられている。佃漁師はこれを末代まで誇りとした。佃島の古《こ》老《ろう》から往時《おうじ》のシラウオ漁について取材をすると、だれもが開口一番、この免許の文言《もんごん》をそら覚えで語りはじめたものである。

この一札が天下御免のお札となり、佃島の漁師は中には傍若無人《ぼうじゃくぶじん》な振る舞いで各浦の地《ち》先《さき》に乗り込み、在来の漁民たちとしばしば漁業紛争を起こす火種ともなった。

やがて江戸幕府が倒れ、明治政府の意向で東京にも漁業組合ができる。しかし他の地区の漁民たちの怨恨《えんこん》はかなり深く、佃島漁師が組合参加を認められるのは、かなり遅れることになってしまった。

ただ、佃漁民の徳川家への報恩は義理堅く、シラウオの献上が現在も続いていることはあまり知られていない。もう佃漁業組合にはシラウオ漁経験者はほとんどいないが、若い組合員がその年の初物のシラウオを献上しに徳川家へ参上している。人の恩義に報《むく》いることが少なくなった現代にあって、その律儀《りちぎ》さには頭が下がる思いがする。

御菜《おさい》八ケ浦の献上魚リストは料理人垂涎《すいぜん》の品ばかり

徳川家康の江戸入府を祝い、本芝《ほんしば》と芝金杉《しばかなすぎ》の漁民が初穂《はつほ》として魚介を献上した。これが発端となり、毎月6、13、21、27の4回、鮮魚を幕府に献納することが慣例となった。やがてそれに品川、御林浦《おはやしうら》（品川区・鮫洲《さめず》）、羽田《はねだ》、生麦《なまむぎ》、新宿《しんじゆく》、神奈川《かながわ》の六ヶ浦が参入し、御《お》菜八ヶ浦《さいはちかうら》として鮮魚を納付することとなった。八ケ浦は、名誉この上ない浦として他の浦から羨望の的《まと》となる。

魚介献納に対する幕府からの見返りは、納税義務の免除であった。免税対象となった船には、後に〈言〉の文字を焼いた板を標識としたので、「言の字船《ごんじ》」と呼ばれるようになる。

幕府に「御菜御肴《おさいおさかな》」を納付し税の免除を受ける「御菜浦《おさいうら》」には、後年になり深川浦《ふかがわ》や舟《ふな》橋《ばし》浦など数多くが加わることになる。しかし幕府が御菜を要求する回数が頻繁になり、その量も半端な数ではなくなった。これではたまらんと、幕末に近くなって御菜浦の権利を返上し、租税納付に切り替える浦も年ごとに多くなった。

そんな事情があったにせよ、かなり後年の記録ではあるが文政《ぶんせい》7年（１８２４年）と天保《てんぽう》14年（１８４３年）の『宿差出明細帳《やどさしだしめいさいちょう》』に記載された献納御菜を列挙してみよう。

シバエビ、コチ、カレイ、シラウオ、イナ（ボラの若魚）、イシモチ、サヨリ、スバシリ

（ボラの幼魚）、ホシヒラメ（ホシガレイとヒラメ？）、ウナギ、サハラ（サワラ）、ハゼ、キス、中ダイ、クロダイ、アカエイ、サバ、サメ、フグ、アナゴ、アイナメ、アユ、モウオ（ムラソイ）、ワラサ（ブリの若魚）、ホウボウ、イカ、タコ、ナマコ、カニ、アカガイ、ハマグリ、アサリ、イワシなどである。このほかに深川浦ではフッコ（スズキの若魚）を献上していたし、大量に捕れるアジやイワシは「その他」に入れられたようだから、献上魚の種類の多さに驚かれる方も少なくないはず。とくに鮨屋の親方がご覧になれば、涙が出そうになるに違いない。しかもここに挙げた魚介はすべて内湾《ないわん》物、つまり江戸前漁場で捕れたものばかりであることにご注目いただきたい。

幕府が御菜八ケ浦にお膝元である武蔵《むさし》国（江戸）だけでなく、なぜ相模《さがみ》国に属する浦々まで加えたかは未だに明らかになってはいないが、私は家康が無類の魚好きだったことが起因すると考えている。とくに家康の大好物だったとされるマダイは、内湾では現在の中ノ瀬あたりから観音崎沖あたりが好漁場であった。神奈川や横浜の猟師町から一番近い漁場がそのあたりなのだ。

江戸時代の江戸前の海は、内湾を含めて広大な干潟《ひがた》や浅瀬《あさせ》があったから、その平均水深はわずか20メートル前後だった。しかも海底は砂泥地、砂礫《されき》帯、海草帯が広がり、回遊魚《かいゆうぎょ》を除くほとんどの魚が、内湾で世代交代を繰《く》り返していたと思われる。それだけにこうしたデータを見るたびに、浅瀬を次々と埋め立ててしまった愚挙がなんとも恨めしい。

また、『宿差出明細帳』に記載された魚の中でシラウオとサワラ、ナマコを除くすべての魚を、私は江戸前の海で釣った経験がある。当然、子どもの頃から美味しく食べていた。シラウオやサワラを除けば、棲息数こそ減ったものの、現在でも内湾で釣ることができることもご承知おきいただきたい。

回遊魚のサワラだが、明治時代初期の内湾漁場図を見ると、現在の羽田空港沖合までが、「サワラ流し網」の漁場と図示されている。イワシなど小魚を追って湾奥まで入り込んできたことが見て取れる。ブリの若魚・ワラサも同様と考えられる。

また、ここにフグの名があることにも驚かされる。なにしろ武士がフグの毒に中《あた》って死亡すればお家断絶とされた時代である。おそらく献上されたのは、品川沖あたりでたくさん捕れたというショウサイフグに間違いない。だが将軍が召し上がったか、それとも家臣だけが食したのかは定かでない。それにしても興味深い記録である。

内湾、外湾を漁場とする猟師町の漁業協定

江戸時代の猟師町は、磯《いそ》浦もしくは磯猟場と呼ばれる場所と、沖猟場に二分されていた。前者は基本的に半農半漁の地付きの浦で、貝掘りや畑の肥料となる海草類の採捕《さいほ》だけが許可されていた。これは徳川幕府の農業振興策の一環であろう。当時、国の経済の根幹を成したのが米の生産石高だった。したがって最優先政策である米作りをおろそかにすることは許されなかった。

一方、沖猟場は舟を出して本格的に漁を行なう漁村のための漁場である。ただし漁船には原則として租税が課されていた。

また内湾は、どこの村に所属していてもだれもが自由に漁ができる入会漁場だった。そこは現在の神奈川、東京、千葉の三県にまたがっており、漁場をめぐる争いも少なくなかった。そこで各漁村から代表者が集まって協議した結果、主要な漁法を38種に限定することを決めた。その基本は昭和の中頃まで継続された。これがいわゆる「内湾漁業議定書」と呼ばれるものだ。文化《ぶんか》13年（1816年）6月、44カ村が調印した画期的なものであった。この協議書は万延《まんえん》元年（1854年）幕府に提出され、御上《おかみ》の認めるところとなった。

議定書に記された以外の漁法には、いわゆる「小職漁《こしょくりょう》」としてアサリの熊手漁《くまでりょう》、ウナギ

筒漁《つつりょう》など17職だけが行なわれることを許された。

タイをこよなく愛した歴代将軍への献上裏話

徳川家康に関しては、「タイのてんぷらに中って死んだ」という俗説が流れるほど、タイがお好きだったようだ。また、幕府の祭礼の度ごとに、目の下一尺（約30センチ）、全長40センチ）という1キロ前後のタイを1000尾も献上することを何度も求められている。

三代将軍家光は、上洛《じょうらく》の折に豆州《ずしゅう》（静岡県・伊豆）の三島などに宿泊した本陣で、畜養《ちくよう》のタイが膳にのせられたことにいたく感激した。そこで寛永《かんえい》3年（1626年）に武蔵、相模《さがみ》、安房《あわ》、伊豆などにタイの畜養場を設置するように命じた。そこで現在の伊豆から東京湾に竹で組んだ大きな生け簀《いけす》が浦々に設置され、将軍ご所望《しょもう》の折には、大きな生け簀にタイを移して大型船で引いて、江戸まで運んだとされる。

このとき大いに力を発揮したのが大和屋助五郎《やまとやすけごろう》。後の日本橋魚市場を差配した4組合の頭《かしら》であったひとりである。彼が「ふき抜き」という手法を発明したことで、大量のタイを畜養することが可能になったとされている。「ふき」には「浮気」という漢字を当てている。

タイという魚は、水圧の変化にじつに弱い。速い潮流に巻かれたりして深い場所から水面近くへ急激に浮上すると、浮き袋の調節が利《き》かなくなり、水面に横たわって浮いてしまう。津軽《つがる》海峡や明石《あかし》海峡などでときたま大量のタイが浮く「浮き鯛」という現象も、これが原因のひとつとされる。海底に仕掛けた網を揚《あ》げたり、一本釣りで強引に水面に浮かせたりしたときにも、まったく同じ現象が起こる。船の生け簀に入れて泳がせても、すぐに横になったままで胸ビレだけをパタパタ動かすだけで、やがて死んでしまうのだ。

これを防ぐのが「ふき抜き」で、先端の尖《とが》った竹串を、鯛の肛門の少し後ろから腹の方へ刺しながら腹を押す。するとブーッとおならのような音がして、腹にたまった空気が一気に抜ける。腹がペタンとへこんだら、生け簀に放すとふたたび悠然と泳ぎはじめる。この手法を発見した彼は、浦々の漁師に教え、大量にタイを畜養させることに成功したとされる。

助五郎は商才にも長《た》け、前受金を払って安く買い占めるなど、いわばタイのシンジケートを作り上げることに成功した。ときには数千尾ともいわれたタイ調達という幕府からのご下命を首尾良くこなし、実力と財力をつけて「鯛御殿」と呼ばれる豪邸に住んだという。

ずっと後年になるが、天保《てんぽう》8年、徳川家慶《いえよし》の12代将軍就任の祝宴に際しては、なんと500尾のタイを献上せよと幕府から命が下った。当時は上総《かずさ》・萩生《はぎゅう》沖で行なわれていた桂《かつら》網がタイを大量に捕る最も優れた漁法とされ、その仕組みが安房博物館に展示されている。

しかしさすがの上総漁民もこの数には尻込みしてしまった。そこで直前から各浦々で畜養に精を出していた助五郎が、伊豆から三浦、安房、江戸内湾で捕ったタイをすべて集め無事献上したという逸話が残っている。

ちなみにタイの「ふき抜き」は現在まで受け継がれ、タイ釣り漁師はもちろんだが、私たちタイ釣りマニアは注射針に手元を付けた専用の道具を持っている人も少なくない。

武井周作《たけいしゅうさく》が書き残した、江戸前の魚がうまいわけ

さて、前置きが長くなってしまったが、江戸前の魚がうまいとされるそもそもの理由に筆を進めていくことにしよう。

江戸時代、「江戸前で捕れた魚はうまい」という趣旨が書かれた文献は、第1章でも紹介したように、いくつかある。しかし「江戸前の魚はなぜうまいか」という問いかけへの答えを書いた書物は皆無に等しい。わずかに武井周作が『魚鑑』の冒頭に記した「いな（ボラ）」の項で、次のように書いているだけである。

「(前略) 肴《さかな》よ、酒よといえども、先だつものは飯《めし》なりければ、炊《た》かぬ家とてもなし。しかれば竈《かまど》の烟《けむり》ひまなく立ちのぼり、空をおおへり。溝《みぞ》どぶは、米の白いとぎ汁にて色をか

え、末は川に入り、川水これがために甘《うま》く、海に入れば潮も亦《また》甘し。（中略）かの江戸前と称えるものは、東方生育《ひがしのかたはうまれそだつ》の陽気を受けて生じ、五穀の滋味の甘《うま》きを食いて育つ。故に味《あじわい》他国のものに勝《まさ》れり（後略）」

要するに江戸中の米のとぎ汁が溝やドブを通じて川に入り、五穀《ごこく》の栄養分がすべて海に流れ込み、それを食って育つから、江戸前の魚はうまいのだ、という趣旨である。

まだ顕微鏡もなく、食物連鎖の理論も確立していない時代であることを考えると、武井周作の視点は見事といってよいだろう。川から流れ込んだ養分が江戸前の魚をはぐくむのに大いに役立ち、それがために近隣の魚よりうまいという説明である。

この推察はほぼ正解といって間違いなかろう。日本に数ある入り江の中で、東京都内湾つまり江戸前の海ほど多くの河川が流れ込むところはほかにない。西は、相模国との境である多摩川から始まり、東へ順に隅田川、荒川、中川と続き、江戸川で下総国との境となる。

上流部の山々にできる腐葉土《ふようど》から作られた植物性プランクトンをたっぷり含んだ沢の水を集めて支流となり、それが本流へと流れ込み、やがて大河となってそれぞれの川が江戸前の海に流れ込む。するとそれを餌《えさ》にして大量の動物性プランクトンが発生する。これが干潟《ひがた》に育つ貝類の餌となり、孵化《ふか》したばかりの仔魚《しぎょ》や、稚魚《ちぎょ》をはぐくむ餌になる。

また、イワシやアジなどプランクトンを主食とする魚が岸辺に寄ってくる。するとそれを食いにスズキやサワラなどが沖から浅瀬まで回遊するようになる。そこで食物連鎖の頂点に立つ人間様が、一網打尽《いちもうだじん》にして賞味する。こうして見事な江戸前魚食文化に関するピラミッドが形成されてきたわけだ。

川の水と海水が混じる海域を汽水域《きすいいき》という。この汽水域こそ豊富なプランクトンがわく場所だ。江戸前の海とは、随所に川が流れ込み、広大な汽水域を形成してきたところで、現在もその状態は変わりない。

江戸時代から戦前まで、江戸前で捕れるアジは「中ふくら」と呼ばれ、マイワシに付けられた俗名は「金太郎イワシ」。江戸前のイワシは足柄山《あしがらやま》の金太郎さんのようにふっくら太っていたとされる。そのいずれも大量の天然プランクトンを食べて育った魚たちだ。現在の養殖魚のように過剰な餌を投与し肥育《ひいく》された魚ではないから、身に締まりがあり、甘みもあったに違いない。

一般にプランクトンは、アミやオキアミに代表されるように水温が低い海域ほど多いとされる。だからカツオやサンマ、ブリなど多くの回遊魚は北の海を目指し、体にたっぷり脂肪をつけてからふたたび南下する。サンマが北上するとき、紀伊《きい》半島あたりを通過するときは俗に「南京《なんきん》ザンマ」などと呼ばれ、小型でほっそりしている。脂は乗っていないからこそ、南紀名物で日保《ひも》ちの良い「サンマの棒ずし」が誕生する。そして三陸沖から北海道沖にたどりつく頃になると、焼けば脂がしたたり落ちる秋の味覚の王者に変身する。

江戸時代初期には、北上を始める前の淡泊な「初鰹」が珍重された。いかに人気があったかは、「目には青葉　山ほととぎす　はつ鰹」と詠《よ》んだ素堂《そどう》の名句でご承知のとおり。だが現在はオキアミなどをたっぷり食って脂が乗った「戻りガツオ」に軍配を上げる人が多い。

動物性プランクトンってどんな生き物？

目を凝《こ》らして江戸前の海を見ていても、プランクトンがはっきり見えることはまずない。プランクトンという言葉でイメージするのは、小学校や中学校での理科の時間、顕微鏡をのぞき込んで観察したとても小さな水生生物だろう。けれどもプランクトンとは「水中に浮遊して生活する生物の総称」というのが定義である。だから卵から孵化《ふか》したばかりの仔魚もプランクトンと呼ばれるし、カニやエビになる甲殻類の幼生ばかりでなく、大きく育ったエビそのものも、水中を漂《ただよ》えばプランクトンなのだ。

とはいってみても、日頃、東京の海辺と親しんでいる方はそう多くないはずで、実感がわかないだろう。そこで佃煮屋さんで売っている、アミの佃煮を思い浮かべていただきたい。江戸前の海に棲息する動物性プランクトンで最大数だったのは、おそらくあのアミだったのではなかろうか。佃煮になっているアミは小さなエビの仲間で、標準和名をニホンイサザアミという。昭和の中頃で年間５００～２０００トンも水揚げされていた。アミに関しては専門の漁があったから、こうして数値として表わすことができた。

老舗《しにせ》の佃煮屋さんを何軒か回って、アミの佃煮について聞き取り調査をしてみた。すると昭和30年代までは江戸前で捕れたアミを材料にしていたと、みなさん口をそろえて話されていた。余談だが、アミは極小サイズほど良質の佃煮が作れるという。数ミリの大きさまで育ってしまうと、脂が乗ってベタベタし、あのパラパラと箸《はし》の間からこぼれるような上等な佃煮には仕上がらないそうだ。

魚も仔魚期にはプランクトンの一種になる、と述べた。江戸時代から庶民に親しまれてきたハゼを例に取って考えてみよう。高度経済成長期に江戸前の埋立てが一気に加速し、工場排水などが海を汚染しはじめた時代、「江戸前のハゼを守る会」を主宰し環境保全の先頭に立った、東大農学部教授だった檜山義夫《ひやまよしお》氏の研究では、隅田川河口だけでハゼの産卵数は１兆個と推測された。春先にこれが、孵化して誕生する１兆尾の仔魚は、プランクトンとなって、ほかの魚の餌食《えじき》になったに違いない。そしてほかの魚に食べられなかったハゼだけが無事に成長を遂げる。

それに各河川の河口付近には、どこでもモエビが無数にいる。ほかに芝エビ、クルマエビなど数え切れない甲殻類《こうかくるい》の幼生がプランクトンとして棲息する海、それが江戸前だった。

北大路魯山人も、「その魚のうまさはどれだけよい餌を多く食っているかで決まる」と述べている。単位面積あたりの漁獲高で日本一を維持しつづけた江戸前は、プランクトンの棲息数でも群を抜いていたといっていいだろう。

プランクトンの生息環境は昭和中頃から急速に悪化したが、今もプランクトンが豊富な海であることは水産試験場の調査でも明らかになっている。興味のある方は「東京都島しょ農林水産総合センター」のホームページをご覧いただきたい。なんとも長ったらしく覚えにくい名前だが、このセンターは旧東京都水産試験場である。地味ではあるが貴重な調査結果や研究レポートがふんだんに紹介されている。

「中ふくら」と呼ばれた江戸前のアジ

前述の武井周作は、『魚鑑』の「あぢ」の項でうまさの秘密を次のように書いている。

「（前略）春の末より秋の末に至るまでもっとも多し。なかんずく夏のゆうがし（夕漁）のものを酒の肴の珍とす。大きさ一二寸、肥えて丸く腹中アミ満つ。これを中ふくらといふ。生塾《なまにる》みな香美なり。上下ともに賞味す。冬は痩せて料理にあたらず。ただ干物《ひもの》となす（後略）」（一部現代語に変換）

さすが、魚好きが高じて日本橋魚市場の隣に移り住んだ外科の名医だけのことはある。江戸前産のアジの腹を割《さ》き、いったい何を食っているか調べてみたのだ。そこで「中ふくら」と呼ばれるアジは、アミをたっぷり食っていることと、旬《しゅん》まで書き残してくれた。

江戸前のアジはうまいものとして『続江戸砂子』にも紹介されている。だがアジが捕食《ほしょく》している餌にまで言及した文献は『魚鑑』以外には見当たらない。

ところで、「東京湾のアジは一年中釣れるし、冬も脂が乗っている」と言う釣り人も少なくない。だがこれは大間違い。盛夏を旬とするアジは、７月頃になると皮と身の間にうっすらと脂が乗ってくる。しかし冬になるとこの脂はすべて腹に落ち、内蔵を包むようになる。だから腹を割けばたしかに白い脂がぎっしり入っているが、肝心の身からは脂が抜けてしまっている。だから武井周作に「干物となす」と書かれてしまったわけだ。とはいえ、干物を作るにしても脂が乗った旬のアジのほうが断然うまいことはいうまでもない。

ただひとつだけ気になるのはアジの大きさである。「大きさ一二寸より六七寸に至る。大なるものは尺《しやく》に及ぶ」と前段で述べながら、賞味の対象となる「中ふくら」のサイズはいわゆる豆アジで、別名ジンタ。これは清涼剤の仁丹《ジンタン》に似ていることから付いた俗称である。せめて20センチ程度に育ったアジのほうが一段と脂の乗りもよいと思うのだが……。私の母や祖母も、ひと箸で片身がこそげ落とせる小アジをことのほか好んだ。きっと江戸時代には、どちらかといえば小魚を珍重する食文化があったに違いない。

そのいい例が江戸前の鮨に欠かせない種であるコハダ。これもシンコ（新子）と呼ばれる幼魚ほど好まれる。酢飯の上に数枚をのせて一貫に仕上げるシンコの体長はせいぜい5センチ前後。こんな小魚をさばいて塩や酢で絶品の味に仕上げる鮨職人の技が江戸時代から今に受け継がれているのだから、豆アジが珍重されたとしても不思議はないといえよう。

コハダも典型的なプランクトンを捕食する魚で、釣り人のハリにはめったに掛からない。コハダの大きな群れの中に餌や擬餌《ぎじ》バリを落とし込むと、さっと逃げ惑う。それこそアミのような極小《ごくしよう》のプランクトンが大好物のようだ。

ところでサッパという魚をご存じだろうか。コハダによく似た扁平《へんぺい》な魚で、瀬戸内《せとうち》で捕れるサッパは柑橘《かんきつ》酢などに漬けられ、岡山県では「ママカリ」という料理に変身する。あまりにうまいので飯が足りなくなり「まま（飯）を借りに行く」ほどだからこの名が付いたという。サッパはコハダのそっくりさんで、江戸前の海に現在もたくさんいる。

小さな擬餌バリを投げるとわれ先に飛びついてくる。とにかく小骨が多い魚なので、関東の釣り人にはまったく人気がない。釣れてもほとんどポイッと海へ捨ててしまう。戦後のどさくさの時期、築地市場でタダ同然だったサッパを仕入れ、コハダと偽って握っていた鮨屋もあったという。

スズキの腹から出てきたものは

東京内湾は、現在でもスズキの棲息数は日本一といわれている。江戸時代、深川猟師町は、名産のハマグリのほかに、スズキの2歳魚のセイゴや、3、4歳に育ったフッコを幕府に献上していた記録が残っている。

ちなみにスズキの食性はフィッシュイーター、つまり「魚食性魚」である。生きた魚類や甲殻類を補食《ほしょく》しながら大きく成長していくごとに、コッパ、セイゴ、フッコ、スズキと呼び名が変わる出世魚《しゅっせうお》だ。そのスズキが東京湾に入ってきたイワシを水面に追い上げて補食するさまは、壮観の一語に尽きる。

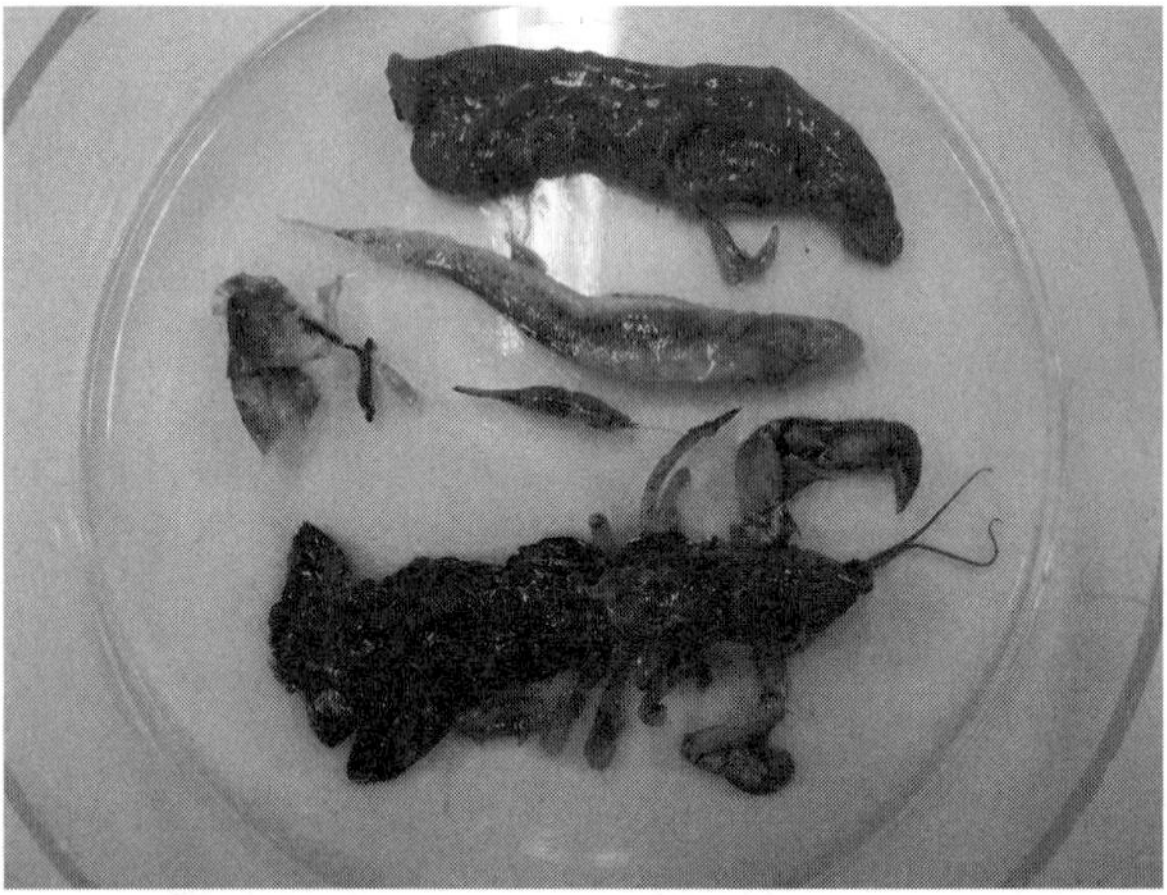

江戸前で捕れたスズキの腹を割くと、シャコ、ハゼ、モエビ、そして大量のニホンイサザアミが入っていた。

水面下にいる何千尾というスズキの群れが、カタクチイワシを水面に向かって追い上げにかかる。すると追われたイワシは群れながら逃げ惑い、海面に小さなさざ波が立つ。その直後、バシャッ、バシャッと大きな波紋ができる。これがライズリングと呼ばれる波紋で、スズキがカタクチイワシを捕食した瞬間に起こる現象だ。

上空からは無数のカモメが水面に急降下を繰り返し、イワシを飲み込んでは飛び上がる。これを鳥山《とりやま》といい、漁師や釣り人が大きな回遊魚を探し出す何よりの目印となる。これを見ると体の中のドーパミンが一気に吹き出すほどのエキサイティングな光景である。

スズキという魚はきわめて貪欲《どんよく》で、夕方、

東京湾に面した運河の防波堤から見ていると、大きなスズキの黒い影がスーッと寄ってきて、カニをパクリと食ってしまう。そればかりではない。ボラやサヨリ、ハゼなどの魚類はもちろん、海底にいるシャコやイイダコを腹いっぱいに詰め込んでいることもある。

千葉県・富津《ふっつ》周辺で釣れるスズキは、腹の中に未消化のバカガイ（アオヤギ）のベロがいくつも残っていることがある。これには水産学者も首を傾げた。その後、バカガイは夜になると水中を泳いで移動する習性があることを釣り人がたまたま発見した。スズキはそれを小魚と間違えて捕食する。バカガイの殻は軟らかいのですぐに割れ、身を食べることができるのだ。これに味をしめてバカガイを食う習性がついたようだ。

東京都水産試験場が採捕《さいほ》し、腹を解剖《かいぼう》した写真をお借りしたが、シャコやハゼ、ヰエビなどのほか、ニホンイサザアミがびっしり入っていた。

井原西鶴《いはらさいかく》が書き残したスズキの蜘蛛腸《くもわた》料理

スズキは本来、夏が旬。夏を迎えると皮の下にうっすら脂が乗り、江戸前を代表する魚のひとつになる。じつに上品な白身魚だ。刺身や洗いのほか、バターでソティーしたり、パン粉をまぶしてフライにしても美味だ。30センチほどのセイゴは、塩焼きか薄味で煮付けるのが定番で、深川の夕市《ゆういち》で名物のひとつだったと聞く。「戦前までは、家まで魚屋が天秤棒《てんびんぼう》を担いで売りに来たもんだけど、そりゃ生きのいい魚だったねえ」と明治生まれの祖母が懐かしんでいた。

「またあんなセイゴの塩焼きが食べたいね。ウチに持ってきてくれた頃は、まだぴんぴんしてたからねえ。煮ると身がそっくりかえるんだよ。死んだセイゴじゃそういうわけにいかないよ。それに煮付けるなら薄味でないとせっかくの味が死んじまうよ。身に醤油の色がつくように煮るのは田舎者だよ」とよく聞かされたものである。

スズキ料理でほとんど知られていないのは、スズキの蜘蛛腸《くもわた》を使ったお吸い物。これは井原西鶴が『文《ふみ》のあや反故《ほご》』という中にたった1行書いている。それを私が監修した『至高の釣魚料理』（主婦と生活社・絶版）で遠藤十士夫《えんどうとしお》氏が再現してくださった。料理名は「スズキの湯注《ゆつ》ぎ」。遠藤氏は宮内庁御用達の萬屋《よろずや》調理師会理事長。江戸伝統食の継承保存で内閣総理大臣から表彰を受けた実績の持ち主だけに、この種の伝統料理がお得意な方だ。

スズキには、胃から幾条にも細い管が伸びている。正式には腸ではないそうだが、料理人は蜘蛛腸とか雲腸《くもわた》の文字を当てている。腸の中の汚物を取り除き、胃や浮き袋も磨いて細く切ってから軽く塩を当て、軽く炙って熱湯を注ぐだけ。香り付けに三つ葉を浮かせるが、この味だけは言葉で表現するのがむずかしい。前述の本では、私が全品目を実際に食べてからコラムとして感想を書いた。このすまし汁だが、ひと口飲んだ瞬間、思いっきり笑い出してしまった。上品だが言葉では表現できないこくがあり、生まれて初めて経験する味覚だった。興奮や感情が極限に達すると人は笑い出すというが、まさにそのとおりだった。

幸田露伴《こうだろはん》が書いたエッセイ『鱸《すずき》』にもこの料理が紹介されている。どうもこれは井原西鶴が「西の（淀川）スズキ」を素材に書いたことから、その向こうを張ったような筆遣《づか》いである。ちなみに露伴は大の釣り好きで、川スズキ釣りのパイオニアでもある。そこで利根川《とねがわ》や中川など関東の川にもスズキが多く棲息していることを紹介した後、「すまし汁にも味噌仕立ての汁にも、（中略）東にては八百膳《やおぜん》あたりにても用ひたる」と紹介している。江戸の老舗料亭である八百膳は、蜘蛛腸をメニューに取り入れていたようだ。

この汁を作る最大のコツは、塩以外の調味料を一切使わないことである。この件に関しては『本朝食鑑』の「鱸」の項の注に「わた汁は常の魚と違い（中略）あまりに甘《うま》すぎる故、かつほ（カツオ節）を入れざるがよい（元禄《げんろく》9年刊『茶湯献立指南』）」とあるのを見つけ、古《いにしえ》の人々も同じだったのかとうれしくなった。大きなスズキを築地市場の場内で購入し、ぜひ一度お試しいただきたい逸品《いっぴん》である。

アオギスが好んで捕食していた餌とは

内湾からアオギスが姿を消したのは昭和30年代だが、この魚、水質汚染にめっぽう弱い。江戸時代は、矢鱚《やぎす》とか川鱚《かわぎす》とも呼ばれ、河口周辺に生息して、上げ潮になると川を上ったともいう。「戦時中はお茶の水の聖《ひじり》橋の上からもアオギスの泳ぐのがいくらでも見えた」と、山の手の古老から聞いたことがある。

アオギスは神経質な魚で、舟が近づいたりすると逃げてしまう。そこで浅瀬に釣り用の脚《きゃ》立《たつ》を立て、それにまたがって竿《さお》を振る。そのためこの釣り方は「脚立釣り」と呼ばれ、初夏から始まる江戸前の風物詩として名高かった。アオギスはかつては各地の汽水域に棲息していたことが確認されているが、現在では九州や瀬戸内のほんの一部の海域にわずかに棲息するだけになってしまった。

この釣りに欠かせない餌が砂イソメという虫。スナメとか東京スナメとも呼ばれたりする。多摩川河口や江戸川河口などで捕れるもので、シロギス釣りにも絶大な威力を発揮した餌だ。ただこの餌の難点は、頭から順に切って使わないとボロボロになって死んでしまうこと。それに終日、指でつまんでハリに付けていると、しだいに指紋が溶けてしまう。小学生の頃、父とシロギス釣りに行くと、指がつるつるになるのが楽しかった。また、余った餌は持ち帰り、皿に載せて庭に置いておく。するとハエが無数に飛んできてたかるが、やがてバタバタと死んでしまう。「ハエ取り効果」にも代用できる珍しい虫だった。

江戸前の海は潮が引いて砂泥地が露出すると、ゴカイがいくらでも掘れた。潮干狩りに使う熊手《くまで》を大きくしたような「マンガ」という道具で掘り返すと、真っ赤なゴカイがゴニョゴニョと動いている。砂泥《さでい》を崩しながら切れないようにそっとつまみ、海水を少し入れた盤台《ばんだい》に溜める。戦前はわが家の隣が餌屋で、大潮《おおしお》の午前中になると「堀り子」と呼ばれるおばちゃんたちが麦藁《むぎわら》帽子に頬被りして大勢集まり、船に乗ってゴカイを掘りに行ったそうだ。

私も昭和40年代前半にアルバイトでゴカイの堀り子を何度かやってみた。潮が引いている4、5時間が勝負だが、2000円ほどの小遣いになったと記憶している。

ボラやウグイ、マルタ、セイゴなどがよく釣れるイトメという虫もたくさんいた。これは釣りに出かける前日の夕方、隅田川沿いの餌屋へ買いに行かされた。蓋《ふた》が付いた専用の餌桶に海水と一緒に入れてもらうのだが、水をこぼさないように持ち帰るのが大変だった。この虫は、11月頃になると産卵のために水面に浮く。青白く、太くて太鼓の撥《ばち》のようになることから、バチと呼ばれる。漁師や餌屋は、バチが浮く日を狙って競い合ってすくったそうである。山本周五郎《やまもとしゅうごろう》の名作『青べか物語』に登場する「長」と呼ばれる少年は、千葉県・浦安の船宿・吉野家の先代のご当主その人で、このバチが浮く日を毎年言い当てたものだとご本人から伺った。

一般の方はほとんどご存じないだろうが、ユムシとかユウという名の虫も、江戸前でかなり捕れたそうだ。これはタイなどを釣る延縄《はえなわ》に使う餌には最高で、現在でも鯛縄が盛んな千葉県の大原《おおはら》などでも使われている。夜になると水面に浮き、いくらでもすくえるという。この虫、別名イノチンボとかチンポなどと呼ばれる。形状が似ていることと、触ると大きくなったり縮んだりするかららしい。

こうした餌の数々は、ハゼはもちろん、シロギスやアオギス、アナゴ、マコガレイ、イシガレイ、ヒラメ、マゴチなどの底生魚《ていせいぎょ》にとって格好の餌になっていたに違いない。餌の豊富さと魚種の棲息数の多さは比例する。しかもいい餌が魚の美味しい身を育てるには欠かせないことは、昔も今も変わらないのだ。

ウナギの好物と江戸伝来の数珠子《じゅずご》釣りの名手

東京・江東区にある深川図書館の郷土資料室には『木場名所絵図』が所蔵されている。

江戸から明治時代初期に生まれた土地の古老たちに木場や深川の風景を思い出してもら

い、画と文で構成されたものだ。その中に「深川小名木《おなぎ》川のうなぎ掻《か》きの図」が載っている。泥質の川底をSの字を扁平にした鉤《かぎ》を使ってウナギを引っ掛けるというもの。その画の背景を見ると、なんとそこはわが家の前。漁師ふたりがそれぞれ船に乗ってウナギ掻きをしている図であった。

叔父の話によると戦前まで小名木川には夕方になると漁師が鰻筒《うなぎづつ》を仕掛け、夜が明けて明るくなると筒を上げて中に入ったウナギを捕っていたという。叔父は子どもの頃、朝早く起きてこの筒を上げてウナギを先取りしてしまう悪さをしばしばしたそうだ。漁師に「どうだいおっちゃん、今日のウナギの入りは?」と聞くと「いつもよりへえってねえな」と答えるから「そうかい、仕掛けた場所が悪かったんじゃねえの」と言ってやったと笑っていたが、これは悪戯《いたずら》を通り越したウナギ泥棒である。

江戸時代に書かれた釣りの本には、「鰻の数珠子釣り」が紹介されている。

2メートルほどの絹糸に太いミミズを何匹も通す。それを幾重《いくえ》にも手にからげ、直径20センチほどの輪を作る。それを竿の先に結びつけ、ウナギのいそうな川底に沈める。ウナギが食うアタリを感じたら、静かに竿を立てて大きな玉網ですくい捕るという釣りだ。

この釣りがじつは戦後まで続いていたことを知って驚いた。大正初期に生まれ、先年鬼籍《きせき》に入った石塚定義《いしづかさだよし》さんというこの釣りの名人がご近所に住んでいた。ある日、たまたまその話を聞くことができた。石塚さんは、江戸前の海岸や、そこに近い河口部のウナギを専門に捕っていたそうで、こんなことを話してくれた。

「川ん中に入ったウナギより、海にいるウナギのほうが食って断然うまいし、鰻屋も高く買ってくれたもんだよ。ウチが貧乏だったから、ガキの頃から親からは一銭の小遣いももらった記憶がねえな。捕ったウナギを鰻屋で買ってもらって稼いでたから小遣いには不自由しなかったね。おめえさんも知ってんだろう、天然のうなぎしか売らなかった常陸屋って店。俺が持っていくウナギはハリが入ってねえし、生きがいいってんで、特別高く買ってくれたね。人より多く釣るコツは、ウナギのいる穴を探すことだね。あのやろうは、エビでもハゼでもなんでも食うから、餌が多い場所に集まるんだな。そんで石積の穴をよく見ると、穴の外に砂なんかが山になってると、必ず中にウナギがいるね。餌と一緒に飲み込んだ砂なんかを吐き出すんだろうね。戦時中と終戦直後は儲かったねえ。闇の砂糖を手に入れるルートがあったから、常陸屋に砂糖も分けてやったら喜ばれたね。常陸屋のオヤジに言わせると、江戸前のウナギのほうがいい餌をたっぷり食ってるせいか、利根川のウナギよりもやっぱりうまいって言ってたな。でもあのオヤジ頑固だから、天然物が手に入らなくなったら商売やめちまったもんな。まあ、養殖物は客に売りたくねえって前から言ってたもんな」と数珠子釣りの秘伝ともども、そんな話を教えてくれた。常陸屋は、天然ウナギの入荷がないと休業してしまう店売りだけの商売で、私の父はここのウナギ以外は買ったことがなかったと母から聞かされた。

濁《にご》りと汚《よご》れは大いに違う

江戸前の海は透明度が低かった。とくに夏場は、なぎさを歩くと足首が見えないほど濁ってしまうことも少なくなかった。でも泳げばしょっぱい海の味がした。アサリやハマグリを掘って遊んでいると、足下に無数に散らばるカキの殻で指を切ったものだ。だが血が出ても「海の水で洗っておけばすぐに治るよ」と言われたとおり、帰路に着く頃には傷口は白くなるだけで、化膿《かのう》したことなど一度もなかった。

海が濁るのは、いくつかの理由がある。ひとつは大雨の影響だ。何本もの大きな川が流れ込む江戸前の入り江では、上流部に大雨が降った後は、川上から運ばれる泥水で沖合数キロまで真っ茶色に濁ってしまう。

だが江戸前の海が濁る最大の理由が、じつは豊富なプランクトンの発生が原因であることはあまり知られていないようだ。江戸前の濁った海はプランクトンの異常発生による赤潮に起因することはごく稀《まれ》であった。夏、アナゴ漁師が筒を仕掛ける場所を見た方は、「江戸前名物のアナゴってこんな汚い水のところで捕るの?」と顔をゆがめる人がいるかもしれない。だがその濁りの原因はプランクトンで、アナゴの餌となる小さな甲殻類や環虫類《かんちゆうるい》や小魚の宝庫となり、アナゴの豊漁を保証しているのである。

人糞《じんぷん》の海洋投棄について

高度経済成長期における江戸前の海の汚れを痛烈に批判した極端な例は、すし研究の第一人者である篠田《しのだ》統《はじめ》氏が書かれた『すしの本』(柴田書店)である。初版は1970年だが、1993年に新装復刻版が発行されるという、異例のロングセラーとなった本だ。この本の中にある江戸前に関する部分を引用させていただこう。

「(前略)江戸前の魚がどうのこうのといったって、館山沖に都民の排泄物がプカプカ流れ、夢の島でハエが大量に発生している今日、『うちの魚は絶対に江戸前じゃネェ』という保証のほうがほしいようなもの。お客のマゾヒズムに媚《こ》びてすし学ならぬ鮮魚学をふり回し『気っ風のいい江戸ッ子の兄ちゃん』を気取るのは、いささか時代にずれているのではなかろうか。付け台の前に腰かけて職人の太平楽《たいへいらく》を聞きながら握りたてをほおばるムードも悪くはないが、それもこのごろのお値段じゃネェ、ということになる。」

篠田氏がこの本を執筆されたのは、東京湾の汚染が最もひどかった時期であり、東京内湾（千葉県・富津岬と神奈川県・観音崎を結んだ以北で、本来の東京湾）の漁民が本州製紙の汚水垂れ流しなどで漁獲高が激減し、遂に補償金をもらって漁業権を放棄した直後でもある。「館山沖での糞尿《ふんにょう》投棄」も、「夢の島のハエ騒動」も、ご指摘どおりの歴史的事実であるから、それ自体に反論する気はさらさらない。

東京都では平成9年まで、館山沖約100キロ先での人糞海洋投棄が行なわれていた。それまでの間、強い南風で沖まで航行できないときなど内湾で投棄したり、故意に東京湾口での投棄が行なわれたりしたことは、残念ながら事実である。余談ながら、投棄地点の海では、翌日は大漁だったと漁師たちは口をそろえる。

平成19年を限りに法律によって海洋投棄が禁止されたが、下水の最終処理施設の建設が都市化の波に追いつかず、その後も海洋投棄は多くの県で行なわれていたようである。

自然界においては、鳥類や獣類の糞尿は微生物によって分解されて土に帰る。海で魚介の排泄物《はいせつぶつ》は、他の魚介の餌になったりバクテリアで分解され、プランクトンの栄養源になったりする。食物連鎖の頂点に立つ人間様の排泄物は、江戸時代から昭和の中頃まで元肥《もとごえ》の材料として農家に買われていたという事実がある。まず肥だめで発酵させることで寄生虫が死滅し、これを薄めて肥料として野菜などの育成に役立てることでエコリサイクルの一端を担《にな》ってきた。

江戸前では、海でもカキやノリの育ちが悪いとき、元肥を撒いた記録が水産試験場の記録として残っている。その効果は少なからぬものがあったようだ。私も江戸前のカキ養殖場でその光景を目撃したことがある。これを海におけるエコリサイクルと考えるか、単に「汚い」のひと言で片付けてしまうのか、難しい問題だ。

最高級の浅草海苔《のり》をはぐくんだ海

詳しくは次章で紹介するが、江戸前の海は長年、「浅草海苔」で生産量日本一を誇ってきた。浅草海苔は現在、乾しノリ、焼きノリの代名詞として使われている。江戸時代、品川から大森にかけての浅瀬や、深川から中川河口の葛西地域で盛んに養殖されたノリを干して浅草で売られたので、この名が付いた。商品名がそのまま標準和名とされた珍しい例である。

当時のノリは、さっと炙《あぶ》ると磯の香が部屋に立ちこめ、それはうまいノリだった。そして全国の海に種《たね》を譲り、各地の浅瀬でノリ養殖が盛んになった。

しかしアサクサノリは病害に弱いことや養殖技術が難しかったことから、現在ではスサビノリという品種が養殖の主流に取って代わってしまった。それどころか今ではアサクサノリそのものが絶滅危惧種に指定されるほど繁殖域が少なくなってしまった。

平成16年（２００４年）12月、千葉県・金田《かねだ》漁協で正真正銘《しょうしんしょうめい》のアサクサノリの養殖に成功したというニュースは、ローカルな話題にもかかわらず全国を駆けめぐった。その中心になったのが金満智男《きんまんのりお》氏。彼が立ち上げたＮＰＯ法人「盤洲里海《ばんずさとうみ》の会」に参加した６人の漁師たちは、土地の古老から「昔の海苔はうまかった」と何度も聞かされていた。そこで再度、アサクサノリの養殖に果敢に挑んだのである。

たまたま知遇を得た金満氏から、出来上がった貴重なノリを分けていただいた。さっそくわが家で炭火をおこして炙《あぶ》って食べてみた。焼いたときの香りが良いことにまず驚いた。そして口に入れた瞬間、妻は「これ、子どもの頃食べた海苔の味がする」と感激しきりだった。私もあまりの美味しさのために言葉を失った。

子どもの頃、朝、ノリを炙るのは子どもの仕事だった。黒紫色のノリを炭火に押し当てるように素早く中央から四隅へと炙っていくと、芳香を放つと同時に緑色に変わっていく。これを手で折って食べやすい大きさに切り分ける。下町のどこの家でも見ることができた光景のひとつだった。

アサクサノリは汽水域で豊富なミネラルを含んでいること、適水温が保たれていることなど、いくつもの好条件が重ならないと育たないとされる。こうした条件をすべて満たしていたのが江戸前だった。

江戸前産の魚のうま味は、抜群の鮮度と地産地消にあった

江戸の町は目の前が世界一を誇る好漁場で、四季に応じた旬の魚介が潤沢に供給されてきた。生きてぴちぴちした魚を調理して客に供する鮨屋やてんぷら屋、ウナギ屋などが町ごとにあり、互いに腕を競い合った。その料理を待ちわびて食する江戸の人口は、当時、100万ともいわれて世界一を誇っていた。今風にいうなら地産地消が行なわれていたわけだ。地元で捕れたものを地元で消費する。こうした需要と供給のバランスが取れていたのが江戸前の海と江戸の関係だった。また、江戸前の魚を使うどの料理も高級料亭ではなく、屋台から発祥したこともうれしい限りだ。

幕末から明治初期にかけて創業したという老舗の鮨屋に出かけ、ご当主に話を伺うと、ど

の店の主人も口をそろえて創業以来生きのいい江戸前の種を使うことを心がけてきたという。当代は、初代からの口伝となる話を聞かせてくれたが、その日に仕入れた魚介は、その日に売り切るよう心がけたという。

たとえば日本橋・吉野《よしの》鮨のご主人は前述したとおり、鮨の種となる魚介を芝浜から生きたまま毎朝大八車で運ばせたという。こうした新鮮さに対するこだわりとともに、種にさまざまな手を加えてうまさを探求しつづけたのだ。だから江戸でにぎり鮨が誕生するとすぐ、関西から持ち込まれた押し鮨があっという間《ま》に片隅に追いやられたのも無理はない。

江戸前で捕れた魚ならその日の夕方、夜網《よあみ》の魚なら翌朝、早くも日本橋魚市場に並べられた。向こう地（千葉県側の海）で捕れた魚介でさえも、四丁櫓や八丁櫓の押送《おしょく》り船《ぶね》に帆を張れば、わずか3時間弱で日本橋魚市場に届けられたという。だからその鮮度の良さは折り紙つきなのだ。

とはいえ、時化の日もあるわけだし、まだ冷蔵庫さえない時代のこと。その日に揚がった魚介を仕入れはするが、江戸前鮨の種を、塩や酢で締めたり、あるいは火を入れたりしたのは、多少は「保《も》ち」をよくする工夫でもあったに違いない。長い間、私はそう思っていた。

ところが文化《ぶんか》年間創業という東京・柳橋《やなぎばし》の老舗・美家古《みやこ》鮨本店で今も6代目の加藤章太《かとうしょうた》さ

んと一緒に鮨を握る5代目・祐宏《すけひろ》さんに聞いてみると、「冗談じゃないよね。江戸前の鮨がうまいのは、ネタが新鮮なのもあるけど、素材のうま味を最大限に引き出すためにひと手間かけるんだよ。コハダだって、だんななら知ってるでしょうけど、魚そのものはけっしてうまいもんじゃない。でも鮨にすりゃあうまい。それは塩が決め手なんだよ。酢じゃねえんだ。それに貝なんかもちょっと甘酢で洗って握るだろ。するってえと最近じゃあ『これ、ネタがちょっと古いんじゃないか』なんてお客さんもいるから、参っちまうよ。酢を使うのはね、あくまでも魚のうま味を引き出すためなのによ」とこぼしていた。

　加藤祐宏氏がご自慢の江戸前のアナゴを握って付け台に出しながら江戸前の魚がうまいわけをもうひとつ挙げてくれた。それは、全体に皮が薄いからだという。

「まあ、コハダなんかその典型じゃないかな。江戸前の魚はどれも皮が薄いから舌ざわりがいいんだよね。江戸前の魚と他の海で捕れた魚の見分けかい？　そりゃひと目見りゃすぐ分かるさ。なに、アナゴの押し寿司に韓国産のアナゴを使って産地偽装が新聞に出たって？　そりゃ素人だって食べりゃすぐ分かるだろう。韓国や中国産のアナゴは皮が硬くて鮨には使いモンにならねえよ」と、野暮なことを聞くもんじゃないという顔をされてしまった。

活《い》けの魚にこだわった深川猟師町と夕河岸

江戸時代、芝や金杉、品川と並んで江戸前の海で活躍したのが深川猟師町。彼らの出身は摂津国《せっつのくに》（現・大阪府）が多かったようだ。熊井理左右衛門《くまいりざえもん》ら8人が、寛永《かんえい》6年（1629年）深川の海に面した潮除堤《しおよけてい》の外側に広がる干潟の埋立てを幕府に願い出て許されたのがはじめである。その中のひとり、相川町《あいかわ》の名主相川新兵衛《しんべえ》が子孫に書き残した記録が『寛永録』といわれるもので、深川猟師町設立以来の沿革を現在に伝えている。また熊井理左右衛門の名主役所の記録『重宝録』も震災や戦災で焼けずに残っている。

ちなみに江戸三大祭りのひとつ、富岡八幡宮大祭でしんがりを務める大きな神輿《みこし》が「深浜」。深川浜の略称で、深川猟師町の末裔《まつえい》やその関係者らが中心となって寄進した。深川漁師の気っ風の良さを今日に伝えてくれる大御輿《みこし》だ。

『寛永録』によれば深川猟師町は貞享《じょうきょう》2年（1685年）には169隻の舟を所有し、沖漁を行なっており、かなりの水揚げをしていた。そこで日本橋魚市場に「問屋」として参入すべく何度か試みたが、既得権を有する4組合の反対に遭《あ》い、やむなく日本橋本船町《もとふねちょう》組に所属し、鮮魚を卸していた。その後、明治10年になってようやく「深川組魚問屋」として認められる。その3年後に「深川魚市場」の設立が認められ、地場で捕れた魚だけでなく千葉県北部で捕れた魚もこの市場で扱うことができるようになり、関東大震災で魚河岸《うおがし》が築地に移転するまで続いていく。

江戸時代から「生きのいい魚」にこだわることで知られた深川猟師町だが、その秘密は捕った魚を徹底的に生きたまま出荷することにあった。捕った魚は舟の生け簀から樽《たる》に移す。そして翌朝、河岸に出すまでポンプを使って常に新鮮な海水を送り込んだ。そのため魚問屋には使用人が寝泊まりし、休みなく作業を続けていたという。

また、余った魚は現在の門前仲町《もんぜんなかちょう》にほど近い「黒江町の夕河岸《ゆうがし》」で市民に販売された。鮮度の良い魚を買い求める人で賑わう様子を『深川区史』が写真で載せている。当時としては珍しい貴重なスナップで、しばし見惚れるワンショットである。

この夕河岸は戦後まで場所を変えて続いていた。鮮魚が極端に不足した終戦直後、日本橋の三越から、店の前で鮮魚を売ってほしいと依頼があったという。そこで深川漁師は朝早く、大八車に魚を積んで深川を出発したが、魚を欲しがる人が殺到し、永代橋を渡る頃には売り切れてしまい、三越から大いにお叱りを受けたという逸話まで残っている。

亡くなった私の叔母が戦前を懐かしんで話してくれたのは江戸前の生きの良いシャコの味。茹《ゆ》でたてのシャコをゲップが出るほどおやつに食べさせられたそうだ。シャコはいくらでも捕れたので値段が信じられないほど安く買えたそうだ。

江戸前の風物詩と呼ばれたハゼのうまさの秘密

都民にとって最もポピュラーだったのが、江戸前のハゼ。毎年初秋になると私は、下町に何カ所もあるハゼ釣り場を見て回り、その年のハゼのわき具合などをチェックする習慣になっている。ほとんどの釣り人が、釣り場で水を汲んだバケツの中にハゼを入れている。最初は元気に泳ぎ回るハゼも、やがて横になり、最後は白い腹を上に向けて死んでしまう。こうなったらもういけない。てんぷらにしても、残念ながらハゼ本来の味など出はしない。

ハゼのような小魚は、できれば生きたまま持ち帰って調理したいもの。関係地域の方には申し訳ないが、江戸前のハゼを食べたら他所《よそ》のハゼは「水っぽくて食えたもんじゃない」というのが定説だった。わが家は5人家族だったが、利根川や涸沼《ひぬま》川で釣ってきたハゼをてんぷらにすると、姉や妹は1、2尾食べたらもう箸を出さない。「なんだか今日のハゼ、美味しくない」と言うのだ。どちらの川で釣れるハゼも、江戸前で釣れるハゼよりはるかに大きい。身に厚みもあるからさぞや家族が喜んでくれると思いきや、期待外れに終わってしまったのだった。自分で食べてみても、食べ慣れているハゼとは味がまったく違う。

三遊亭金馬師匠も『江戸前釣り師』の中で、「日本中のハゼを釣り歩いて食べてみたが、お国自慢というか『ハゼも江戸前にかぎりやす』といいたい」と書き残している。

昭和30年代から10年以上にわたってハゼの標識放流などを行なった檜山義夫《ひやまよしお》博士は、「これでわかったことの一つに、ハゼの移動があまりないということだ。隅田川系統の江戸前、多摩川系統の羽田、大森、江戸川系統の三枚洲など（中略）川ごとの集団になっていると考えている」と、同じ江戸前の海に棲《す》んでいても、ＤＮＡが明らかに違うハゼの存在を『釣りの科学』に書かれている。

ハゼはひと腹で約1万尾の卵を持つから、江戸前の卵だけでも約1兆尾を超える。無事に育つハゼは、ワンシーズンで約10億尾。そのうち釣られるハゼが約1億と類推された。私は幼い頃から江戸前のハゼしかほとんど食べたことがなかったから、この味に慣れてしまったのかもしれないが、他所《よそ》で釣れたハゼはどうも水っぽく感じられてしまったのだ。

ところが、そんな思いを覆《くつがえ》す経験をした。暮れも押し迫ったある日、千葉県の船宿から生きたハゼをお歳暮に頂戴した。とても大きなハゼで、見た瞬間に江戸前のハゼとは明らかに違うと分かる代物《しろもの》だった。「どうせてんぷらにすれば水っぽく感じるだろう」と揚げてみたが、どうして、これが想像をはるかに超えてうまかった。

そこでハゼが簡単に100尾や200百尾も釣れた昔のことをじっくり思い出してみた。当時、船で釣ったハゼはフラシ（びく）に入れて船べりから垂らし、帰るまで生かしておく。船宿から自宅までは自転車でほんの10分ほどだから、帰宅して洗面器にあけると、例外なくハゼは生きていた。だから私が子どもの頃から食べつづけてきたハゼはすべて、台所で首をはねられてもピチピチと体を動かすほど元気だった。そこで他所のハゼも生かして持ち帰れば、家族が箸を引っ込めるほど不味《まず》くはなかったのかもしれないと思い直すようになった。

ミシュランガイドで2年連続で三つ星に輝いたすきやばし次郎の小野二郎さんは、「秋口になると京橋の親方はハゼも使うのを楽しみにしていたね」（『すきやばし次郎　鮨を語る』）と書いている。秋も深まり産卵期が近づくと、海底に1メートルもの深さの巣穴を掘るハゼは、体表をヌルで保護するようになる。べつに臭みはないが、小魚だけにさばきにくい。三枚に下ろして皮を引き、腹骨を取って刺身にすると酒の肴にはうってつけだ。

深川漁師は、三枚に下ろしたハゼの皮目に熱湯を注ぎ、すぐ氷水にさらして粗熱《あらねつ》を取る。布巾《ふきん》で水気《みずけ》を取って皿に盛り、ショウガ醤油を付けて食べる。これがいわゆるハゼの洗いだ。これはかすかにハゼ特有の香りがして身に甘みもある。高松宮殿下がお忍びで深川からハゼ釣りに出た折、陸に上がってお出ししたら、「これは絶品ですね」とお褒めの言葉をいただいたと船頭が語り継いだ自慢の一品である。

カレイの旬は子持ちの時期じゃない

カレイといえば、子持ちカレイの煮付けが定番の料理。冬場にうってつけのご飯のおかずであった。昭和40年代まで、江戸前の乗合船《のりあいせん》は正月明けからはこの子持ちカレイ釣りが人気だった。ここでいうカレイとはマコガレイのことである。

だが、私の祖父の時代は、釣るなどという面倒なことはしなかった。「カレイ突きの乗合船」が出ていたからだ。客は銛《もり》を手に舟の片方の舷《げん》に並び、反対側の舷には水を張った樽を並べてバランスを取る。客はやみくもに銛を地底に突き刺す動作を繰り返すだけ。運良くカレイが刺さるとブルブルッと手にした竹が震えるから、持ち上げて銛からカレイを外す。「うまくいくと一度に3枚も突けたこともあったっけ」と祖父は自慢していた。これも江戸前の冬の風物詩で、深川図書館所蔵の『木場名所絵図』には銛を持った人が「舟宿ふじみ」の前を歩く姿が描かれている。

こうしたことから、私は江戸前のマコガレイの旬は冬だとばかり思っていた。ところが昭和50年代、5月になっても6月になってもカレイの乗合船を出す船宿が品川にあった。釣り雑誌の取材で出向いてみたが、釣れるカレイの引きが半端じゃなく強い。しかも厚みが冬の倍近くもあった。

すると船長が「この時期のカレイの取材は初めてだろう。みんな1月からずっとカレイばかり釣っているから飽きてしまうんだけど、マコガレイの旬はホントはこれからなんだよなあ。釣れたらすぐ締めてクーラーにしまっておきな。家に帰って刺身にするとうまいよ」と言われた。家に帰ってから五枚に下ろし、薄造りにしたらそのうまいこと。冬場に食べていたマコガレイとはまったくの別物だった。

江戸前の種をメインにする鮨屋でも、カレイは5月6月が旬だと後年になって聞いた。最高にうまいのは、ホシガレイとされていた。腹側にも黒点があるのですぐに分かるが、私は長年の取材でもたった二度しかお目にかかったことがない。これは築地市場でもかなり高価で取引されていたという。

有名な大分県の「日出《ひじ》の城下《しろした》ガレイ」もこのマコガレイ。やはり旬は夏のようで6月前後に高値で取引されるという。

夏のアイナメを口にしたら冬場のアイナメは……

魚介の旬とは、最も多く捕れて味の良い時期だが、このふたつが合致しないことがままある。多くの魚は産卵期になると浅場《あさば》に群れで寄ってくる。すると一網打尽にできるから、漁獲高は一気に跳ね上がる。釣りを楽しむ釣り人にとっては、この時期を「乗《の》っ込《こ》み」といい、大型魚が数多く釣れる季節として歓迎される。

内湾に関していえば、前述のマコガレイはもちろんアイナメやスズキなどは冬場が産卵期になり、たくさん網に入るし、よく釣れる。卵や白子を持っている間は身も卵も白子も食《しょく》味《み》の対象となるが、産卵直後は身がげっそり細ってお世辞にもうまいとはいえなくなる。

これらの魚がふたたび通人の舌をも唸らせるようになるのは、夏場である。アイナメもスズキも「これが本当に同じ魚？」と思うほどに味が変わる。内湾の魚は夏場、上品な脂が乗る。とくに皮と身の間には、白い脂肪が浮き上がってくる。三枚に下ろして刺身にし、小皿の醤油を少しつけると、醤油の表面にうっすら脂の皮膜ができる。

身を薄くそいでぬるま湯で洗ってから氷水にさらして水気を切れば、絶品の「洗い」に仕上がる。それを口に運べば、江戸庶民が味わったとまったく同じものを口にできる幸せを感じられるだろう。

「江戸前の夏スズキ、宍道湖《しんじこ》の寒スズキ」という言葉がある。不昧公《ふまいこう》の号で知られる茶人でもあった出雲松江藩主・松平治郷《はるさと》は、スズキの奉書焼きがこの上なくお気に召したという。たまたま松江の漁師がたき火の灰の中に捕れたてのスズキを放り込んで焼いて食べるのを見た不昧公がそれを所望し、おそれ多いので奉書にスズキを包んで焼いたことが起源とされている。江戸前の鮨屋では、産卵を終えたばかりの冬にスズキは使わない。地方ごとに味の好みが違うのであろうか。

アサリやハマグリは身の厚さがまるで違った

江戸名所絵図には深川の東寄りの洲崎《すさき》の潮干狩《しおひが》りが描かれている。鮨屋の符帳《とちょう》でアサリは深川と呼ばれるように、深川漁師が幕府へ献上した主要な魚介がアサリとハマグリであった。私の両親は戦前、船を仕立てて初夏になると潮干狩りに出たというし、江戸前の船宿の看板には戦後まで、釣りと潮干狩りが二本立てで書かれていることが多かった。

現在、内湾に残る潮干狩り場と違うのは、掘る量に制限がなかったことと、アサリが口を閉じてもベロが出るほど身が入っていたことである。わが家は米屋だったから、外米《がいまい》（カリフォルニアなどからの輸入米）が入っていた麻袋を持っていくのだが、行くたびに持ちきれないほど採れ、大勢で袋を手にバスに乗って帰ってきた。

ハマグリも献上品だっただけあって、現在の内湾で掘れるものより厚みがあったように記憶している。子どもの手のひらにやっと収まるほど大きなハマグリが採れると宝くじにでも当たったように喜んだものだ。

わが家の深川飯は、アサリのむき身と油揚げを刻んで炊き込んだご飯だった。しかし「東京の郷土食」としては、ハマグリのゆで汁でご飯を炊き、蒸らすときにハマグリの身を入れる炊き込みご飯をする家が少なくなかったようだ。

私が子どもの頃は、まだ結婚披露宴を自宅でする家が多かった。そのとき何よりの楽しみは、折詰めの中央に置かれたタイの塩焼きの身をほぐして茶碗にのせ、これまた縁起物のハマグリの潮汁《うしおじる》をぶっかけて食べること。これはだれに教わったのか忘れたが、両親に見つかると叱られるので、いつもこっそり食べていた。

冬、練炭《れんたん》火鉢《ひばち》の三徳《さんとく》に網を載せ、焼き蛤をするのは高級なおやつだった。ハマグリから湯《ゆ》気《げ》が出たら醤油を一滴たらし、ヤケドしそうな熱いヤツを汁ごと口に入れる。これを5つ、6つ食べると幸せな気持ちになれたものである。

第3章　江戸前が生んだ五大食文化と誕生の秘密

江戸前が全国に誇る食文化とは

世界一豊かだった江戸前の海がもたらしてくれた海の幸《さち》を素材とし、二〇〇〜四〇〇年も前の江戸時代に生まれ、やがて全国に広まった食品や料理の数々。それらは時代とともに創意工夫が加えられ、現代にまで脈々と生きつづけている。

とりわけ浅草海苔《のり》、佃煮、ウナギの蒲焼き、てんぷら、にぎり鮨という代表的な5つが「東京内湾に発祥し全国に発展した五大食品」ということになっている。この5つをピックアップしたのは、『東京都内湾漁業興亡史』を編纂《へんさん》したひとり、藤森三郎《ふじもりさぶろう》氏である。だがこれらは単に「食品」というより「食文化」という表現がふさわしいと思う。そこでこの5つを私は「江戸前が生んだ五大食文化」と呼ぶことにしている。

たとえば薄っぺらな1枚の焼きノリ。かつてはたった1枚のノリをご飯に載せただけの「ノリ弁」こそ、弁当の横綱格だった。梅干しを飯の中央に置いただけの「日の丸弁当」よりはるかに豪華とされた。現在では、「コンビニ」の弁当が陳列された棚を見れば、ノリを巻いたおにぎりが数列を占め、手軽に買える。なかには食べるときに焼きたてのパリパリ感が味わえるよう工夫されたものも少なくない。

かつて、のり巻きといえばかんぴょう巻きに決まっていた。だがコンビニには中身をアレンジしたさまざまなのり巻きも並んでいる。江戸時代に江戸前で養殖に成功したノリが浅草門前町の名物・浅草海苔となり、江戸土産《みやげ》、東京土産として珍重され、またたく間《ま》に全国に広まっていった。これはほんの一例にすぎない。

江戸時代は、情報伝達の手段がほとんど無《な》かったに等しい。だが、３００を超す藩が参勤交代で江戸詰めと国帰りを繰《く》り返した。そこで地方ごとの名産が江戸に集まり、逆に江戸で生まれた名産や料理法が地方に伝達された。こうした江戸と全国各地の活発な人的、物的交流が、それぞれの文化を互いに吸収しあう下地となったわけである。

浅草海苔の誕生にまつわる諸伝説

海に自生するノリを乾して食べる習慣は、太古からあったという。貝塚から発掘される貝などに付着したものを分析するとそれが分かるそうだ。時の権力者や歴代天皇にノリを献上した記録が残っているという。しかしそれを記した文献に登場するノリは漢字で「紫菜」と書き、今でいう「岩ノリ」だったとされる。

現在のような乾しノリが日本人の米食文化と結びついて全国に広まったのは、浅草海苔が誕生してからのこと。だが、浅草海苔の由来に関しては数多くの説がある。

① 観音様と三社様の御利益説《ごりやく》

代表的なのは、江戸時代に浅草の海苔問屋だった永楽屋《えいらくや》庄《しょう》右衛門《えもん》の家に所蔵されていたという『浅草寺縁起《せんそうじえんぎ》』である。

これによれば、宮戸《みやと》川（現在の隅田川）付近に住んでいた3人の兄弟が推古天皇の時代（628年）沖で漁をしていると観音様が網に入ったので持ち帰った。3兄弟はこの観音様を祀《まつ》り、村人の厚い信仰を集め、死後、三社権現《さんじゃごんげん》として祀られた。その後400年余が経ち、安房守《あわのかみ》平《たいらの》公雅《きみまさ》が武蔵守《むさしのかみ》に任ぜられ、観音様のために寺を寄進した。これが浅草寺である。

すると天慶《てんぎょう》8年（945年）の3月、観音様が夢枕に立って「汝《なんじ》の厚い信仰にめでて、一徳をさずけよう。宮戸川の沖に黒赤青の三つの海草が生じている。これを食べれば現世の病を治し、武運は長久《ちょうきゅう》に栄え、煩悩《ぼんのう》の悪縁を転じ仏縁道に至る」というお告げがあった。公雅が翌朝お告げの場所に行くと3種類の海苔が生《は》えていた。味は香美で、香りは栴檀《せんだん》のように香ばしく、無病息災の霊験《れいげん》があらたかだった。

村人はこの草（海苔）を観音様と三社様の加護として尊び敬うと、年ごとに草は多く採れるようになった。これを清水で洗い、一尺四方の簀《す》につけて乾《ほ》し、各地へ売り広めた。これぞ浅草観音の御利益によるものとして浅草海苔と呼ぶようになったという。

話はこれで終わらない。その後700年ほど経た元禄《げんろく》16年（1703年）、江戸は大地震で地形が大きく変わってしまう。翌、宝永《ほうえい》元年（1704年）2月に降った大雨による洪水で浅草川（隅田川）から楢《なら》の小枝が流され、品川・大森の浅瀬に流れつき、突き刺さった。その年の冬至《とうじ》頃になると枝に黒いノリが着く。これを取って食べてみると観音様のノリと味がほとんど変わらない。そこで翌年からその付近に枝を束ねた粗朶《そだ》を刺すと盛んにノリが生えた。村人はこれを採って板ノリに精製して浅草海苔として全国に売り歩き、観音様の御利益で大いに繁盛したという。

ここに紹介した話を伝説のひと言で片づけてしまうのは簡単なこと。だが見落とせないのは、ノリを養殖するには最高の素材とされた楢の木が登場することである。大森には幕府などへ献上する「御膳海苔」を収納した漆《うるし》塗《ぬ》りの箱が現存している。この御膳海苔を養殖するには、かならず楢の小枝で組んだ粗朶が使われたという。楢の粗朶には漆黒《しっこく》で最上級のノリが着いたそうだ。浅草で最初に作られたというノリの主な産地が、品川や大森に移っていく経過も織り込んだ伝説として、よくできている。

ノリを細かく切って漉《す》き、簀《す》の子《こ》に乾す様子は、『江戸名所絵図巻ノ二』などに載っているので、ぜひ一度じっくりご覧いただきたい。じっと見つめていると天日乾《てんぴぼ》しの本物のノリの香りが立ちこめてくるような気がする。

ノリが浅草寺の門前町で土産品として人気の商品だったことは紛れもない事実。当時、永楽屋と正木屋《まさきや》が寛永《かんえい》以前から創業し、その後中島屋《なかじまや》など8店で販売を競ったという。

ノリの取引は後年、海産物を扱う日本橋魚市場へと主力が移っていく。今も暖簾《のれん》を掲《かか》げる山形屋《やまがたや》が明和《めいわ》年間に、山本《やまもと》海苔店が嘉永《かえい》前後に誕生する。

② 浅草が昔は海だったという説

浅草がその昔は海辺で、天然のノリが採れてそれを乾していたという説もあったようだ。だが、浅草が江戸前の海に面していたのは奈良朝（710年頃）以前の話で、この説はほとんど根拠がない。

③ 元禄時代に詠まれた一首にこんな句が……。

江戸時代に入って、浅草海苔が登場する最初とされるのが元禄《げんろく》5年刊の『古今夷曲集《ここんいきょくしゅう》』。宝蔵坊信海《ほうぞうぼうしんかい》という人が、深川の知人から送られたノリの返歌として「武蔵なる浅草のりは名のみなり、お心ざしは深川のもの」という一首を詠《よ》んだ。江戸初期にはすでに浅草ではノリが採れず、漁師は深川沖あたりまで舟で出てノリを採取していたことがわかる。また、ノリの採取や乾しノリ作りを主とした浅草の漁師は大森へ移転したという。

④　江戸中期の各種文献の記載

享保《きょうほう》年代に入ると、浅草海苔に関する紹介がたくさん登場してくる。菊岡沾涼《きくおかせんりょう》が編纂した『続江戸砂子《ぞくえどすなご》』には以下のように書かれている。「浅草海苔・雷門《かみなりもん》の辺にてこれを製す。二、三月頃盛んなり。品川生海苔・品川大森の海辺にて取る。浅草にて製するところののりは則ちここののりなり」として、品川や大森で採れたノリが浅草に運ばれ、乾し上げて売られたと書いている。このほかに葛西《かさい》海苔（現・東京江戸川区）と呼ばれ、浅草海苔とはまた違った風味のあるノリもあったとされる。

江戸前の浅草海苔の生産は、品川や大森で手広く行なわれていた。煎餅《せんべい》にノリを巻いたものを「品川巻き」というが、かつてはノリが名産だった名残りがここにもある。

⑤　浅草紙《あさくさがみ》の製法起因説

かつて浅草は「浅草紙」の名産地であった。浅草紙とは「落とし紙」のことで、昔のトイレットペーパーのこと。古紙を再生して作るので濃い灰色をしていた。浅草海苔が板ノリとしてきれいな長方形になったのは、大森の大野六郎右衛門が浅草紙の製法を模《も》したという説があるが、研究家の間では俗説とされている。

ノリヒビが埋め尽くした江戸前の海

ここまで浅草海苔と漢字で表記してきた。それは商品名だったからである。ここからは海《かい》藻《そう》としてのノリの説明に移るので、カタカナで表記させていただく。アサクサノリという海藻は、「浅草海苔」という商品名が、ノリ研究の第一人者だった岡村金太郎《おかむらきんたろう》博士によってそのまま標準和名とされた珍しい例である。

アサクサノリが養殖されるようになったきっかけは、品川漁師が見つけた偶然が発端とされている。幕府へ献上する魚を生かしておくための竹で編んだ生け簀《いす》と、それを波から守るために海中に立てた粗朶に冬至の頃になると黒いノリが着くようになる。それがきっかけで粗朶をたくさん立てたところ、ノリが収穫できるようになり、一大産業へと発展を遂げる。この粗朶を「ノリ粗朶」とか「ノリ篊《ひび》」と呼んだ。ちなみに東京の「日比谷」の語源は、竹などのヒビを売る店が多い「篊屋村」から生まれたという説もあるという。

江戸前のノリ養殖は、品川や大森から西へ東へと広がっていく。ノリの需要は江戸から明治にかけては常に右肩上がりに伸びていった。なにしろノリは江戸前名産のドル箱で、群を抜いた生産高だったから、周辺の浦々がこれを放っておくはずがない。だが当時はまだアサクサノリが養殖の主流だったから、微妙な海水濃度などの影響を受けやすかったようだ。

したがってその生育は、塩分濃度や汽水《きすい》の微妙な組成などに大きく左右され、養殖はそう簡単ではなかった。そのため現在、焼き海苔などの名称で販売されているノリの原料はスサビノリという品種に変わっていった。アサクサノリは今や、絶滅危惧種に指定されるまでに減少してしまったことは前章で述べたとおりである。

昭和20年代後半、まだ小学校高学年の冬、江戸前の海にカレイを釣りに何度も出かけた。乗合船《のりあいせん》はノリヒビの間を櫓《ろ》で練って流していく。ノリの香りが漂い、静寂が周囲を覆《おお》って、そこが東京であることを忘れさせてしまうほどの「海」だった。

沖に出るたびに目にしたのがノリ摘みの風景である。ベカ舟と呼ばれる小さな和船に乗った夫婦が、冷たい海に手を入れて黙々とノリを摘み取っている。

ところがこの冷たい作業をする人たちは、長野県からの出稼ぎが多かったことを知ったのは最近になってのこと。長野県では、雪に閉じ込められて仕事のない冬場、静岡県などから大量に運び込んだテングサを寒天に加工することが、昔から貴重な収入源であった。同様に江戸前のアサクサノリの収穫から乾し上げて製品にする半年近い間、出稼ぎに行くにはうってつけの仕事だと知ったのだ。しかもその半数近い人たちは、大森などに定住してノリ作りを生涯の仕事にしたという。

江戸前の漁業権を持つ漁師は、ノリの養殖場についても割り振りが決まっていた。みずからノリを摘む漁師も少なくなかったが、寒さには慣れっこの、長野県などから出稼ぎに来た方々が果たした役割はかなりのものだったようである。

ノリ養殖はその後、ベタ流しという養殖用の網を張る方法に移行していく。しかもその収穫法がすさまじい。網の下に自動収穫器を備え付けたボートで入り、網を持ち上げて一気に刈り込んでいくのだ。船いっぱいにノリを収穫すると全速力で陸へ走って下ろし、また養殖場へと戻っていく。その後、ノリ乾しから製品化するまでの過程は、自動漉《す》き取り機、自動乾燥機、自動ノリ焼き機と、すべてオートメーションになってしまった。

まだ一部では天日乾しも行なわれているが、村落がノリ乾しで埋め尽くされるような光景はほとんど見ることができなくなった。

ノリの食べ方をいくつかご紹介しよう

釣り雑誌の記者をしていた頃、冬場、取材に出かけると、お土産によくいただいたのが生ノリや乾しノリだった。お土産の類《たぐい》は基本的にお断わりすることにしていたが「ウチのヒビで採ったもんですから」と言われれば、ありがたくいただくことにしていた。

摘みたての生ノリはすでに刻み、乾しノリにする下ごしらえが済んでいる。だから調理といってても世話がない。その日の晩は、さっと水洗いして三杯酢でいただく。私はこれに刻みネギを加えたものが好きだった。酒を多少でもたしなむことができればこれだけでけっこうな肴《さかな》になるはず。しかし私は無類の下戸《げこ》ときているから副菜として食卓に並んだ。もう一品はすまし汁。煮立った湯に塩と生ノリを入れたらすぐに火を止め、あとは椀《わん》に盛るだけ。海の香りがたまらない。

翌朝は味噌汁にたっぷり入れる。松尾芭蕉が詠んだ、

海苔汁の手際見せけり浅黄椀《あさぎ》

の一句が思い浮かんだりする。私にとっては江戸前の冬を代表する味だが、俳句の季語としては春のようだ。それはさておき、芭蕉が住んだという芭蕉庵は、小名木川《おなぎ》が隅田川と交わる手前に架かる萬年橋《まんねんばし》のたもと。私の家から歩いて10分ほどの距離だ。芭蕉が起居《ききょ》していた当時は目の前が深川の海辺だったから、冬から春先にかけては新鮮な生ノリがいくらでも手に入ったはず。それに手際よく包丁を入れて浅黄椀に落とす。鮮やかな緑色のノリと磯の香り。ほんの少しだけ塩を落としたのだろう。かの俳聖・芭蕉と同じものを口にしていると思うだけで感動ものだ。

生ノリは、大きな魚市場に行けばかならずある。魚屋やスーパーの片隅に置かれていることもある。しかも半年近くは冷凍も利くから、ぜひ一度ご賞味いただきたい。

板ノリは、最近はほとんどが焼きノリとして真空パックされている。便利といえば便利なものだ。風情《ふぜい》がないと嘆いたところで、乾しノリをパリパリに焼くための炭火さえないのだから、ありがたい世の中と感謝するしかない。それでもノリを湿気《しけ》らせてしまうことがある。そんなときは細かく手で千切《ちぎ》って鍋に入れ、砂糖、味醂《みりん》、醤油を適量加えて煮詰め、佃煮にしてみよう。わが家では乾しノリでよく作っていたが、焼きノリの湿気《しけ》ったのでもけっこう美味しいものができるからお試しになってはいかがだろうか。

佃煮は徳川家康と佃漁師の出会いから始まった

備中《びっちゅう》の高松《たかまつ》城にいる羽柴（豊臣）秀吉を助けようと本能寺に宿泊していた織田信長が、明智光秀に先行を命じた。ところが光秀は「敵は本能寺」ととって返し、信長を自刃《じじん》させたのがかの有名な本能寺の変。ときに天正《てんしょう》10年（1582年）6月4日のことである。その2日後、信長の盟友である徳川家康は、わずかな手勢だけで堺《さかい》にいた。そのとき堺の商人・茶屋《ちゃや》四郎次郎《しろうじろう》の知らせで、帰るべき岡崎城への退路が塞《ふさ》がれているとの情報を得る。そこで案じた一計は、岡崎城とは逆の位置にある大坂の住吉神社参拝というふれこみで、迂回路をとって脱出を図ろうとした。

ところが神崎川《かんざきがわ》という川にさしかかったとき、渡るための舟がない。そこへ佃村《つくだ》（現在の大阪市住吉区）の漁師・森孫右衛門《もりまごえもん》が舟を出して助太刀《すけだち》したのみならず、大事な保存食である小魚煮を兵糧《ひょうろう》として差し出した。伊賀の忍者・服部半蔵《はっとりはんぞう》らの手助けも得て、家康は無事に岡崎城に帰還することができたのである。

これを生涯の恩義と感じた家康は江戸に幕府を開くとき、森孫右衛門ら佃村の漁民30余人を江戸に呼び寄せ武家宅に住まわせる。彼らに江戸湾でのシラウオの独占的漁業権を与え、その後、居所として佃島を築島する許可を与えるなど厚遇をほどこした。

佃漁師は、佃島に故郷の住吉神社を祀った。その鳥居《とりい》は家康の恩義に報いるべく江戸城に向いている。住吉神社は航海の安全を祈願する海神として、廻船問屋《かいせんどいや》や江戸商人の参詣者が多かった。社務所では参詣者に御神酒《おみき》をすすめ、肴《さかな》として醤油で煮付けた小魚を出すのを常とした。これが佃煮の発祥であると、佃島に今も残る佃煮屋のしおりに書かれている。この説が今では定説とされている。

だが、問屋のお供をして住吉神社に参拝した伊勢太《いせた》という男が小魚煮に目をつけ、味に改良を加えて佃煮という呼称で売り出して、それが好評を博し、たちまち江戸市中に広まったという説もある。ほかには青柳才助《あおやぎさいすけ》という男が、佃漁師の捕った小魚を煮て売り出したという説、日本橋の大黒屋《だいこくや》が大黒天の縁日《えんにち》に佃煮として売り出したという説もあるようだ。

家康や伊賀忍者の兵糧となった小魚煮とは

では、佃村の漁師たちが逃げ延びる家康に手渡したという小魚煮とは、いったいどんなものだったのだろうか。私は小魚の単なる塩煮だったのではなかろうかと考えている。

房総半島から伊豆半島の漁村では、カツオやソウダガツオの塩漬けを正月に神棚へ供《そな》える風習が今も残っている。これは「塩鰹」→「シオガツオ」→「ショウガツウオ（正月魚）」という語呂合わせではないかと漁師たちは言っている。カツオのはらわたを抜き、そこへたっぷりの塩を詰めて紙にくるんでおくのがその製法だ。やがて身全体に塩が回ると同時に多少の発酵が進む。

この食べ方だが、一度熱湯に浸《ひた》して塩を洗ってから、湯をたっぷり入れた大きな丼《どんぶり》に移し、身を手か箸でほぐしながら口に入れる。まあ、酒が好きな方なら一升を空けてしまうのではないかと思えるほど日本酒の当《あ》てにはいい。

生のままの魚に塩を当て保存すると、発酵する。しかしたっぷりの塩で煮てシラス干しやチリメンジャコのように乾かせば、発酵しないし日保《ひも》ちもする。こういった小魚煮は、自分たちが沖に出るときのおかずや非常食として最適だったことだろう。醬油をふんだんに使って煮詰めるには費用がかさむ。貧しかった当時の漁師が副菜にそれほどのぜいたくはしなかったのではなかろうか。

文久《ぶんきゅう》2年（1862年）に創業した老舗「日本橋　鮒佐《ふなさ》」の初代主人が、佃島の漁師が作っていた魚の塩煮をヒントに佃煮を始めたと伝えられている。そこで鮒佐の了解のもと、ホームページに書かれている由来を紹介しておく。

「江戸末期の文久年間、当時剣士として北辰一刀流《ほくしんいっとうりゅう》の免許皆伝の腕前だった初代佐吉は趣味の釣りが高じて釣れた小鮒《こぶな》を串刺しにして醬油で付け焼きするという、鮒寿々め焼《ふなすずめやき》を商《あきな》いにしていたそうです。その佐吉が1862年（文久2年）のある日、釣りをする為舟を出した所、品川沖で時化《しけ》に遭《あ》い、佃島に漂着しました。漂着した佃島で佐吉は、地元の漁師が雑魚《ざこ》を塩煮にしているのにヒントを得て、小魚を醬油で煮込み、市中で売り出しました。この時の醬油煮が現在の《佃煮》の原型を創ったと言われております」

佃島の住吉神社の万人講《まんにんこう》に集まった人たちに振る舞われた佃煮は生《き》醬油で煮てあったとさ

れる。だが鮒佐の口伝《くでん》によれば、佃漁師は幕末まで塩煮で小魚を食べていたことになる。双方の顔が立つように解釈すれば、こうなるだろうか。佃漁師はシラウオ漁の際に捕れた小魚を塩煮にして食べていた。だが住吉神社は参拝する人々へ生醤油で煮たものをお出しした。やがてそれが江戸中に広がっていった……。

佃煮は江戸中に広まり、ついには全国へ

佃煮に限らず、本当の元祖を捜し出すことは容易ではない。ただ佃煮にまつわるエピソードはたくさんある。『佃島の今昔』は、佃島住吉神社第11代神主で慶應義塾大学《けいおうぎじゅくだいがく》の文学部教授をされていた平岡好道《ひらおかよしみち》氏の急逝《きゅうせい》を悼《いた》み、氏の佃島の歴史研究をまとめて上梓《じょうし》した本だ。

同書では『月島発展史』を引用し「佃煮は小鯊《はぜ》を醤油にて塩辛く煮つけたものなり。(中略) 真鯊に似て少し異なり、色黒く、ダボハゼともちがえり。(中略) 大きさ一寸前後にして、俗にオシャラクハゼという」とある。

マハゼが高級佃煮として売り出されるようになったのは、近代になってからのようだ。しかも江戸前産のマハゼを素材にした佃煮は貴重品で滅法うまい。佃島に今も残る老舗で聞くと、今では仕入れるマハゼの多くは島根産だという。

そんな佃島も相次ぐ埋立てによって、地場でシラウオはおろか小さな魚介が捕れなくなってしまう。江戸前の漁業権が放棄された後の昭和41年には「佃島今は蜆《しじみ》を売りに来る」とか「佃煮のさかなは遠き他所《よそ》の産」などという川柳が詠まれることになる。

それはさておき、佃煮は保存食として優れ、忍者の常備食となったことは先に述べたとおり。また参勤交代を終え郷里に帰る諸大名が江戸土産にしたことから、各地の名産を素材とした佃煮も作られるようになった。たとえば湖産《こさん》のエビやアミ、地方特産の野草や海草など、素材を選ばず保存食として全国に普及していった。まさに江戸前が発信した食文化の面《めん》目躍如《もくやくじょ》たるものとなった。

佃煮は、戦時には保存が利く貴重な蛋白《たんぱく》源としての役割も果たしてきた。明治10年（1877年）の西南の役には、軍用食料として大量に使われていたという。明治27年（1894年）の日清戦争では、缶詰と佃煮の需要は一気に増した。明治37年（1904年）に開戦となった日露戦争で、佃煮は軍需用品としての重要性がますます認められ、同時に一般家庭への普及が広がったとされている。

わが家では佃煮が絶えたことがない。ちなみに冷蔵庫を点検してみると、ノリ、アサリ、アミ、コンブ、小エビ、シジミ、小ハゼ、キビナゴが入っていた。

佃煮は店によって味が微妙に違う。ただ昔の佃煮に比べると、どこもやや薄味になった感がある。たまに馴染《なじ》みの佃煮屋をのぞいてみると、まあ、その品数の多くなったこと。ウナギの佃煮は高級品の最右翼だろうか。意外性があって美味しかったのはカキや江戸前アナゴの佃煮。到来ものだったので包装紙に書かれていた住所を頼りに出向いてみた。いいお値段にびっくりした。

ウナギの蒲焼きを語るには、まず大伴家持《おおとものやかもち》から

北海道や東北地方の一部を除く日本各地に棲息しているウナギは、縄文時代の昔から食べられていたようだ。貝塚から出土する骨を仔細に検証すると、魚種が判明する。化石を掘り出すだけでも大変だろうに、ゴミとして捨てられた骨片から魚種を特定する作業など、短気な私などにはとうていできない。

私が水産学の基礎を個人的に教えていただいた河井智康《かわいともやす》博士などは、三内丸山《さんないまるやま》遺跡から出土した骨片の記録から、津軽海峡ではブリ、マダイ、ヒラメとサケが混在して泳いでいたのではという推論をして、ロマンをかき立てる『日本人と魚と出会い』という本を書き残しておられる。

縄文時代に醤油はなかったから、今風の蒲焼きにして食べたのではないことだけはたしか。だが残念なことに、考古学者の研究によっても調理法までは解明できないようだ。

ウナギに関する文献として知られるのは、奈良時代に編纂された万葉集だろう。大伴家持《おおとものやかもち》の和歌に『石麿に吾れ物申す夏やせに、よしというものぞ、むなぎとり食《め》せ』という歌に『痩人《やせ》をあざわらう』との題をつけている。これに対して吉田石麿《よしだいしまろ》は『痩す痩すも生けらばあらむを、将《はた》やはた、むなぎ漁《と》るとて河に流るな』と、返歌を詠んでいる。むなぎとは武奈伎と書き、ウナギのこと。老いてやせさらばえた石麿翁を励ます歌に対して、「おまえこそ河に流されるなよ」と気遣う返歌は微笑《ほほえ》ましい。

だが、ここでも食べ方には触れていない。

ちなみに武奈伎はウナギと読むのが正しいという。古くは「梅」を「むめ」と書き、「馬」を「むま」と表記されたことにならって、「むなぎ」は「鰻」なりとする。また川に上った り湖産のウナギは胸ビレが黄色みを帯びるので「胸黄《むなぎ》」とする説もある。

「土用の丑」を解明した宮川曼魚《みやがわまんぎょ》氏の業績

本書は江戸前の魚の味を紹介する本だから、蒲焼きの歴史に深く立ち入ることはなるべく避けることにしたい。だがウナギといえば、今でも「土用の丑の日《どようのうし》」に消費がピークに達する。そのいわれは、平賀源内《ひらがげんない》か太田蜀山人《おおたしょくさんじん》が売れない鰻屋に頼まれ、「これを店に貼っておけ」と言って『本日土用の丑の日』と書いて渡したことが始まりという俗説がある。

『深川のうなぎ』の著者、宮川曼魚《みやがわまんぎょ》氏が同書の中でこの俗説を論じているので、ご紹介しておこう。曼魚氏は本名渡辺謙次朗氏で江戸文化史研究家。とくに黄表紙や洒落本の研究で知られた方だった。生まれは日本橋の鰻屋「喜代川《きよがわ》」で、晩年は深川八幡宮《はちまんぐう》近くの鰻屋「宮川」を継いだ。そこで、このペンネームが生まれたようだ。1957年に没しているが、八幡様の近くに住む年配者には「一風変わった物知りな鰻屋のおやじ」としての評判を残している。

なにしろ鰻屋を営みながら独学で江戸文化の研究と検証に明け暮れていたのだから、下町ではさぞや奇人変人扱いされたことであろうと思う。

前置きが長くなってしまったが、昭和初期、曼魚氏は、文政《ぶんせい》年間（1818年〜30年）に書かれた『江戸買物案内』の「う」の項に、当時の鰻屋の屋号と所在地が載っているのを見つける。「神田和泉通り、春木屋善兵衛」という家の頭注に「丑の日元祖」とあった。そこで新聞に「既に文政の頃に丑の日のうなぎを賞美する習わしがあった」と書いた。すると、春木屋善兵衛の孫というご夫婦が新聞社に来て、同家に伝わる丑の日の由来を語ったそうだ。

ご夫婦の話によると、「春木屋が日頃出入りしていた和泉橋（現在の秋葉原駅東口近く）の藤堂様というお大名がある夏、旅行をなさるので大量の蒲焼きをご注文くださった。春木屋は土用の子の日、丑の日、寅の日の３日にわたって蒲焼きを作り、瓶に入れて密封し、それぞれに日付を書き、まだ冷蔵庫のない時分でしたから土蔵の穴蔵に入れておきました。いざ納めるときになって調べてみますと、子の日と寅の日に焼いたうなぎは、色も褪《さ》め、味も変わっていましたが、丑の日のものだけは色香味とも少しも変わっていなかったので、それを藤堂様へ納め、首尾良く御用を果たしたということでした」

以上が春木屋の子孫が語った同家に伝わる口伝である。これに対し曼魚氏は、丑の日のウナギは保存が利くというだけにすぎない。だから根拠が薄弱であると一蹴する。

ある「まじない」の本に、土用の丑の日に「う」のつくものを食べると夏痩せを防ぐと書かれていて、地方によっては饂飩《うどん》を食べる慣わしがある。これが丑の日のウナギが薬になるという伝説を作り上げたのかもしれない、と曼魚氏は解いている。このまじない本の出典を明らかにしていないところが、なんともにくい。

ウナギの料理法としての蒲焼きの語源

古く、ウナギは酢味噌を添えた刺身でも食べられていたようだ。『嬉遊笑覧』によれば、鮓などで食べられていたと書いてある。だが、どうもこれには食指が動かない。ましてウナギの血には、アナゴと違って毒素があるとされる。塩や酢で締めて押し鮓にもしたようだが、なんとなく生臭みが残るようでいけない。

やはりウナギは蒲焼きに限る。この発祥にも諸説がある。まだウナギを割いてタレをつけて焼くという調理法が完成する前は、ウナギの口から長い串を入れて焼いていた。また絵図によれば、長めのウナギはふたつに切り、頭のほうは口から刺し、尾のほうは切り口から串を刺して焼く様子が描かれている。これを遠火でこんがり焼けば蒲の穂にそっくりに仕上がる。そこで蒲焼きと呼ばれるようになったようだ。

その後、ウナギは割いて調理されるようになるが、タレを付けて焼き上げた色合いや串に刺した形状から、蒲焼きの文字が当てられて今日に至った。これがほぼ定説となっている。

江戸前の代名詞となったウナギ

「宝暦《ほうれき》4年（1754年）の前句付に、うなって居るいる、江戸前を鵜《う》は呑みかねてぎつくぎく、といっている。単に江戸前とだけで鰻であると知れる早い方」（宮川曼魚氏『深川のうなぎ』）とされる。後年になり、ウナギすなわち江戸前とする「江戸前の風ハ団扇でたゝき出し」などの川柳が登場してくる。

江戸前のウナギがなぜうまかったのか。それは海に近いほどエサとなるエビや小魚が豊富で、身にたっぷり脂が乗っていたからだという。江戸前ウナギの数珠子《じゅずご》釣り名人だった石塚定義さんは「深川周りから千葉の行徳のホソ（田の中を流れる細流）まで釣り歩いたけど、葛西の海側で捕れるウナギがなんてったって最高だったね。色はちょいと青みがかってよ、焼くとじわ〜〜と脂が出てくるんだい。けどよ、今の養殖ウナギみてえなしつこさがまったくねえんだよな。タレは俺がウナギを売っていた常陸屋でわけてもらったけど、まあ、もうあんなウナギは食えねえだろうな」と、昔日《せきじつ》をたびたび懐かしんでいた。

江戸時代、深川八幡宮の門前には、「江戸前大かばやき」の大きな行灯《あんどん》が看板代わりに描かれている。

ただ、深川八幡宮を参る人々に連日提供できるほど、江戸前でウナギが捕れたかというと、当時から疑問の声が上がっていた。「江戸前」に対して「江戸後ろ」という言葉があり、隅田川の上流、具体的には千住《せんじゅ》などで捕れたウナギを指したようだ。さらに遠く利根川などから運ばれるウナギは、「旅鰻《たびうなぎ》」と呼ばれていた。

江戸での食べ物商売は、どれも当初は屋台での辻売りがスタート。蒲焼きとて例外ではない。そこで「辻売りのうなぎはみんな江戸後ろ」の川柳が詠まれることになる。さらに丑の日ともなると、江戸後ろのうなぎを仕入れても間に合わない。そこで利根川などからウナギが総動員され、「丑の日は籠《かご》でのり込む旅うなぎ」の名句の誕生を見ることになった。

江戸前にこだわった鰻屋の意地と真相

そんな中でも、江戸前ウナギだけにこだわった店もあった。幕末は神田仲《なか》町で「深川屋」の屋号で鰻屋を営み、その後屋号は「神田川」と変わるが、この店は江戸前ウナギ以外はいっさい扱わなかったことで評判を呼んだとされる。江戸前が入荷しなければ、何日でも商売を休むことが人気に拍車をかけた。『深川のうなぎ』の著者で「宮川」の主《あるじ》でもあった曼魚氏も地元では、天然ウナギが入荷できずに店をたたんだということが伝説になっている。

では江戸前のウナギはそんなにうまかったか。だれだって気になる。江戸前つまり東京都内湾は昭和37年に補償金をもらって漁業権を放棄した。しかし江戸前に流れ込む河川での漁業権は補償の対象外だったのだ。つまり今も漁業権が残っている。そこで細々とではあるが、ウナギ筒を仕掛けて江戸前ウナギ漁を続けている漁師がいる。

ただ残念なことにほとんどが取材拒否、捕ったウナギの卸先《おろしさき》も明かしてはくれない。一部の店で扱っていることを探し当て、飛び込みで行っても一見さんには貴重な江戸前ウナギは出してもらえない。予約の電話を入れても「いつ入荷するかわかりませんし、今年の分はもうご予約がいっぱいでして」と丁重に断わられてしまった。

偶然出会った、「旅鰻」の味にのけぞる思い

そんなこんなで悶々《もんもん》としていたある日の昼近く、友人の勤める会社のビルを探しながら神田駅の南口周辺をぶらぶら歩いていた。あわよくば昼飯でも奢《おご》らせようという魂胆だった。しかしどうも道に迷ってしまったようで、見覚えのある店が１軒もない。はて困ったぞと、まるでお上りさんのように左右をきょろきょろ眺めると、１軒の鰻屋があり、ガラス戸に貼ってある「利根川天然うなぎ本日入荷」の文字が目に入った。もう11月も半ばに近い。正面のガラス戸が少し開いており、暖簾《のれん》の隙間から店内をのぞくと半数ほどの席が埋まっている。時計を見ればまだ11時15分だ。

暖簾をちょいと上げてレジにいたお姉さんに「この天然ウナギって、昼でも食べられる

「ちょっと待って……」とカウンターに駆け寄って板場に聞いて、「お客さん、いいですよ。どうぞ。そのかわり30分ほどお時間をいただきますけど」の声に誘われ、カウンターの隅に座った。亡くなった祖母から「鰻屋を急《せ》かせるのは田舎者だよ」と幼い頃から聞いていたことを、瞬時に思い出す。「これから割いて串を打ってくれるんだ」と、待たされることがちょっぴりうれしくなった。

目の前のメニューの表には、セロハンテープで貼られた紙の「利根川産天然鰻」の下に2000円と書かれている。それにしても安い。「姉さん、それじゃこれ」と指さしてから不安になった。「姉さん、これってご飯は別?」と聞いてみる。「いいえ、ご飯も肝吸いもお新香もちゃんと付いてますよ」と言われ、ほっとした。

いまどき都心で、天然ウナギを飛び込みで食べさせてくれる店は皆無に近い。あってもお値段は養殖ウナギの倍以上だし「入荷次第」との断わり書きがかならず付いている。しかも夏ならともかく、木枯らし一号がとっくに吹いたこの季節、インターネットで調べても、天然ウナギを出す店などほとんどない。改めてメニューを見てみると、特上の鰻重が2400円だから、利根川産の鰻重のほうがはるかに安い……。

大きな不安を胸に焼き上がりをじっと待つ

ただ、このときの私は、言葉にできないほどの恐怖感に襲われていた。それというのも、舌に絶大な自信を持ち、食べ物の蘊蓄《うんちく》を仔細に語る方々と違って、私は料理評論家ではない。ましてや名だたるウナギの蒲焼きの老舗や名店を食べ尽くしたわけでもない。「もし天然ウナギを食べて、養殖ウナギとの味の差が分からなかったらどうしよう」という不安感が、さらなる重圧となった。それが一瞬にして恐怖感に変わったのだ。

たまたま客が少し引けてお茶を入れ替えにきてくれた姉さんに、「ちょっと聞きたいんだけど、ウナギには冬が旬という説と夏が旬という説があるけど、どっちがほんと？」と聞いてみた。姉さんは腰をかがめて板場に入り、板長とおぼしき人の前でかがみ込んで「養殖ウナギの旬は夏か冬かって、お客さんが……」と、小声で聞いている。板長が「養殖ウナギの旬？」と首を傾げた。「ああ、親方、違うんです。天然ウナギは、脂が乗る冬とそうじゃない夏のどちらが旬かを聞きたかったんで……忙しいとこすみません」と断わりを入れると「ウナギに旬はないんですよ、お客さん。たしかに一年で天然物に脂が一番乗るのは今の時期だけどね、だからそれがうまいか？　というのは別の話で、お客さんの好みにもよるしね」と嫌な顔をせずに答えてくれた。

平賀源内は、江戸前のウナギと旅鰻の違いを「それは大きい」と書き残している。また、江戸時代には、鰻屋ごとの味を比較し、横綱から前頭まで順位をつけた「見立て番付」も残っている。現在のように調味料が豊富でなかった江戸時代は、おそらくみなさんの舌が肥えており、素材の良し悪しがすぐに判断できたに違いない。たかだか「川向こうの江戸っ子」である私の舌に、はたして万分の一でもそのDNAが残っていてくれればと、祈るような気持ちでウナギが焼き上がるのを待っていた。

ふとカウンターの前に目をやると、水槽が置いてある。「うなぎの赤ちゃん。10月15日で満15カ月」と、小さな張り紙があった。よく見ると底に沈めた細い竹筒の束に、細いものがうごめいている。板場の兄さんが1センチほどの赤いかたまりをふたつ入れると、竹筒の中から小さなウナギがにょろにょろと出てきた。マグロの赤身をあげたのかと思ったら、ユリスカというカの幼虫、通称「赤虫」だった。ユラユラ落下していくと争うように食べはじめた。

「なに、これ去年の暮れに捕ったヤツ？」

「うん、ここにいるのは3月に入れたんだけど、そんときはまだ透き通っているシラスウナギだったよ」

と、エサを与えた兄さんが答えてくれた。

この店のウナギ職人さんたちは、みんなウナギが好きなんだ。たまたま入ったウナギ屋だけど、こんな光景に出会えるとは、俺の人生まだまだ捨てたもんじゃないぞ、とにんまりした。

「旅鰻」は上品でさっぱりした味。養殖物とは別物

まあ、食べてみて養殖物と区別がつかなかったら、それはそのとおりに素直に書こうと開き直って待っているとお重が運ばれてきた。蓋《ふた》を取ってまず香りをかぐ。タレとは違った、ちょっとだけ川魚特有の香りがかすかにした。江戸時代の文献によれば、本場深川産のウナギは中小型が多いと書かれていたし、値段が値段だから小串が出てくるのだとばかり思っていた。ところがふたつに切って串を打ち、お重の両端がきっちり埋まるサイズだったから、まずはウナギの大きさに感動する。

最初のひと箸で頭に近いほうの身を裂《さ》いて、ウナギだけを食べてみる。この日ばかりは山《さん》椒《しょう》を振るようなまねはしなかった。長さに比べて身が薄い。おそらく養殖ウナギの半分く

らいではなかろうか。ゆっくり嚙んで味わうと、ほんのりウナギそのものの味が口に広がる。次はタレのかかった飯と合わせて食べてみた。ウナギの味は濃厚なのだが、なんともさっぱりした風合いが「絶妙」の一語に尽きてしまう。

ここで、本来なら最初に口にすべき肝吸いをひと口。これもいい味に仕上げてある。いつもは早飯の私である。「早飯早糞芸の内」というが、これが芸なら私は名人の域に達していると自負している。だがこのウナギばかりはじっくり味わって食べた。板長が「今が一番脂の乗った時期」と言っていたが、それほど脂っこさを感じさせない。じっくり蒸し上げたからだろうか。上手に煮上げたアナゴに近い食感といってもよいだろうか。

養殖物のウナギも注文して食べ比べてみようと思ったのだが、そんな必要はまったくなかった。最後の香の物で口をさっぱりさせるのが惜しいほどの出会いだった。

食べ終わり、ゆっくりほうじ茶を飲んでから席を立った。たまたまそのとき、板場の兄さんが出てきたので思わず話しかけてしまった。

「天然のウナギは養殖物に比べると身が薄い？」

「そうですね、無理にエサを食わせて太らせていませんからね」

「それに脂にしつこさがまったくない？」

「ええ、なんていってもそれが天然物の最大の特徴じゃないですか」

「いやー美味しかった、ごちそうさま」と、しっかり両手を合わせた。

たまたま口にすることができた天然ウナギの味。たった1尾のウナギを食べただけで、多くを語るのは不見識かもしれない。だがこの店に足繁《あししげ》く通えば、そのつど違った味のウナギが食べられると思っただけでも楽しいではないか。

帰り際「ねえ、姉さん、天然なのになんでこんなに安いの？」と聞くと、「ウチは築地で川魚の仲卸《なかおろし》をやってるんですよ。だからこのお値段で出せるんです」と教えてくれた。ということは、各地の天然物のウナギの入荷が可能なのかもしれない。店は客が立て込んできた。聞きたいことは山ほどあったが、勘定を済ませて店を出た。看板を見ると「築地丸正」と書いてあった。こんな一軒に出会うとなんともうれしい。

江戸時代にさんざん皮肉られた利根川産という「場違い」もしくは「旅鰻」にしてこの味である。彼らが絶賛した江戸前の「本場物」の味は推《お》して知るべしであろう。

江戸と関西の蒲焼きの違いは、蒸しにあり

蒲焼きの歴史は関西のほうが古い。関西では頭を落とさず腹から割き、頭に金串を刺して

白焼きにし、タレを付け焼き上げてから串を抜く。一方、江戸では背開きしてふたつに切った身に4本の竹串を刺す。それを白焼きにしてから蒸し上げて脂《あぶら》っ気《け》と臭みを抜き、身をふっくらさせる。それからタレにつけて焼くことを数度繰り返す。

いったい江戸ではいつ頃から、蒸すというひと手間をかけるようになったのだろう。自ら鰻屋の店主でもあった宮川曼魚氏は、江戸後期だろうと推測した。それは江戸時代に描かれた蒲焼きの画を仔細に検討した結果であるという。注目したのは串の数。たった1本の串では、蒸してから取り上げる際にウナギの身がふたつに割れてしまう。天明《てんめい》、寛政《かんせい》の頃までに描かれた黄表紙のウナギには串が1本しか刺していなかったという。

冬場の天然ウナギを扱ったことのあるウナギ職人は、「ありゃ、かなり蒸しをかけないと、うまく食えないよ」と言う。たしかにそのとおりで、かなり以前あるドライブの途中、「天然うなぎあります」の看板に惹《ひ》かれて入ってみた。しばらくして出てきたウナギが実に硬い。「なんだこりゃ?」と大声を出すと、主人が出てきて「お客さん、東京の方でしょう。このウナギは蒸していないんですよ。これがホントの蒲焼きなんですよ」と一気にまくしたてた。腹の小骨も口に残るし、とてもじゃないが後味が悪すぎた。

うな重の事始めは、ひょんなきっかけから

辻売りに始まったウナギの蒲焼きだが、江戸中期の後半になると、料理屋のように客を店の2階に上げて食事を取らせるようになる。また看板代わりの大きな行灯《あんどん》にも「江戸前大かばやき　附きめし」と書かれるようになる。蒲焼きと一緒にご飯も召し上がることができますよ、という意味である。つまり辻売りだった頃は単に蒲焼きだけを客に売っていたことが知れる。また隅田川筋にはウナギ売りの舟があり、こちらには「お吸いもの」と書かれている。飯は付かないが吸い物が付いてくる趣向《しゅこう》である。

陸《おか》に店を構える鰻屋では、客の顔を見てから米を研《と》いで焚《た》き、ウナギをさばいて焼きにかかる。客はといえば、心得たもの。ひと風呂浴びて2階へ上がり、風に当たって涼むなりして一杯やっていると、「おまちどおさま」と蒲焼きが運ばれてくる。なんともゆっくり時間が流れていたことか。「鰻屋を急《せ》かせるのは田舎者だよ」と何度も言っていた祖母は、こんな時代の名残を知っていたのだろう。

東京では今も、このスタイルを守っている店があり、しばしばマスコミに取り上げられる。しかし事情を知らない若い客は、「いったいいつまで待たせるんだ」と怒って席を立ってしまうこともあるという。

さて、うな重という蒲焼きとご飯を併《あわ》せて器に盛った「うなぎ飯」の発祥だが、曼魚氏が「伝説」として次のような趣旨の話を紹介している。

日本橋堺《さかい》町にあった芝居小屋の金庫番をしていた大久保今助《おおくぼいますけ》という人が、大のウナギ好きだった。加賀屋歌右衛門という役者の興行が大当たりし、金持ちになった。それから興行中も近所の鰻屋から毎日百文（現在の3500〜4000円か）ずつ払って蒲焼きを取り寄せていた。ところが仕事の終わりが遅いと冷めてしまって、うまくない。そこで熱いご飯を入れた器（重箱）を持たせて買いに行かせ、蒲焼きをその上にのせてもらい、持ち帰らせた。すると蒲焼きは冷めず、しかもタレがしみ込み、ご飯もじつにうまい。

この「近所の鰻屋」というのが、堺町の隣、葺屋《ふきや》町の大野屋という店だった。これをヒントに大野屋が「うなぎ飯」に仕上げて売り出すと大当たり。たちまち江戸中に広まったという。堺町と葺屋町は現在の中央区人形町で、当時は中村座と市村座があり、かなりの賑《にぎ》わいを見せた町。終戦近くまで路地の奥に「元祖うなぎめし」の看板を掲《かか》げて営業していたという。

さて、ウナギの話の最後は、冠《かんむり》であった「江戸前」の行方《ゆくえ》をお話ししておこう。嘉永《かえい》時代には「江戸前大かばやき」だったウナギも、名物だった深川のウナギに小型が多かったことから看板は「江戸前御蒲焼」となる。やがて利根川などから運ばれる旅鰻が幅を利《き》かせることが川柳にも詠《うた》われるようになってしまう。しかも明治時代に入ると養殖ウナギも使われるようになり、単に「御蒲焼」とだけ書かれ、江戸前の３文字が消える。今風にいうなら産地偽装を是正したことになる。そして現在の「うなぎ」へと変わっていった。よもや江戸前の３文字を、鮨屋に持っていかれるとは夢にも思っていなかったことだろう。

京からの下りものに甘んじていた江戸の鮨

現在、江戸前の３文字を見かけるのは鮨屋の看板だけ。いかにも縁起をかついだ「寿司」は当て字とされる。すしは「酸《す》し」の意味で、漢字では鮓もしくは鮨と書く。関西では鮓の字が使われ、関東では鮨の字が好まれる傾向があるという。そこで私は鮨を使わせていたたいている。

徳川家康が江戸に幕府を開いてからかなりの期間、主なものはほとんど京や大坂からの「下りもの」ばかりだった。酒、醤油、味噌など大阪商人と廻船問屋がいかに儲けていたことか。

さて、鮨の歴史だが、発酵、保存食としての歴史から語るつもりは毛頭ない。現在も食べられている鮨に限って話を進めれば、大坂で完成し人気を博した押し鮓は、貞享《じょうきょう》年間（1684年～1687年）には江戸へと伝わった。四谷に近江屋、駿河屋という2軒の押し鮓屋ができ、繁盛したようだ。その後、まぜずし（五目ずし）や早漬け（一夜鮨）などが生まれたが、いずれも鮓箱を使った押し鮓の流れだった。一口大よりはちょっと大きいが、切った鮓を笹の葉に巻いた笹巻き鮓や、酢漬けの魚の小骨も取って笹で巻く毛抜き鮓を扱う店も誕生する。しかしこのいずれも、大阪鮓のアレンジにすぎなかった。

ところが幕末、「文化のはじめ頃深川六軒ぼりに松がすし出きて世上すしの風一変」（『嬉遊笑覧』）とある。これがにぎり鮨の誕生の下りである。また『守貞謾稿』には「松ノすし」のほか「東両国元町与兵衛鮓」の名が見える。いずれが先かについては、与兵衛鮓というのが定説になっている。また両店の名称だが、幕末に作製された「寿し番付」には行司役として「松の寿し」と「与兵衛寿し」が並んで書かれている。

興味を引くのは、『守貞謾稿』に描かれた挿絵《さしえ》だ。「江戸、今製は握り鮓なり」とあって「鶏卵焼、車海老、海老ソボロ、白魚、マク（グ）ロサシミ、コハダ、アナゴ甘長煮ノママ也」で、鮨が詳細に描かれている。たとえばシラウオは、中央を細く切ったカンピョウで巻いてある。アナゴは回転寿司でも人気が高い「一本煮」で尾が細くなるところまで描かれている。刺身（マグロ）とコハダは、酢飯と種《たね》の間にワサビを入れるとある。海苔巻きは「干《かん》瓢《ぴょう》ヲ巻込」と記され、玉子の握りも載っている。現在ほとんど見かけないのは「玉子巻き」。酢飯を薄焼き玉子で巻いたものだが、中には「海苔と干瓢」を入れた太巻きである。

添え物は新ショウガの酢漬けだが、懐かしいのは折詰めには熊笹に鮮やかな包丁を入れて模様を切り抜いて飾っている点。昭和の中頃、父が土産に持って帰るにぎり鮨は、この熊笹で仕切られていた。さまざまな模様で、鮨職人の腕の見せどころのひとつでもあった。それがいつ頃からだろうか、味気ないビニールに変わってしまったのを悲しく思った記憶がある。

マグロ以外の種《たね》は江戸前の産

『守貞謾稿』に描かれたにぎり鮨発祥当時の種《たね》は、マグロを除いてすべて江戸前であったことはいうまでもない。これが明治時代に入ると、シロギスやマダイ、ミル貝などに加え、若鮎の姿まで登場してくる。その後、鮨職人は、競って江戸前で捕れる魚をにぎり鮨の種《たね》に使っていったようである。

一方、アワビは房州《ぼうしゅう》、ウニは北海道と、全国の銘品が集まったのが日本橋魚市場や、その後の築地市場。だからどんな素材も手に入れることができた。その結果、にぎり鮨の冠である江戸前は「江戸風」とか「江戸流」の意味合いに重きが置かれるようになっていった。

だが江戸前、つまり東京内湾の鮨の素材だって河岸《かし》にはある。フランスの某タイヤメーカーのグルメガイドに2年連続で三つ星に輝いた小野二郎氏も『すきやばし次郎　鮨を語る』(文春新書)の中で江戸前に関し、「水産庁が『東京湾全体で取れた魚介を指す』なんて言ってますけど」と、江戸前についての無定見《むていけん》の拡大には否定的な見方をされている。第1章で述べたごとく、東京内湾こそ江戸前。我が意を得たり、の感がある。

また、あくまでも江戸前で捕れる魚介にこだわった鮨屋は今も少なくない。それが何よりうれしい。東京内湾では、晩秋になるとハゼやスミイカ、ヒラメ、マコガレイ、シャコなども鮨の種に登場するようになる。江戸前のスミイカは10月から捕れるが、この時期はコロッケと呼ばれる小型が多い。だがこいつが甘くてうまい。

ヤリイカ、ケンサキイカ、アオリイカも「走り」といわれる出始めの小型の味わいは格別のものがある。しかもこのゲソのうまさは抜群だ。ただしあまり高級な店ではなかなか握ってもらえない。頼み込んでスミイカやアオリイカ、ケンサキイカのゲソをさっと湯がき、ツメ(煮詰めた甘ダレ)をちょっと付けてもらう。私にとっては至福の時である。

どんな鮨屋でも、ゲソの値段は安い。だからゲソだけ何度もお代わりすると、なんだかケチだと思われてしまうようで肩身が狭い。しかし、イカの身、エンペラ、ゲソそれぞれに含まれる旨味成分《うまみ》であるタウリンを調べたデータを見つけた。するとゲソが一番で、エンペラ、「身《み》」と続く。やはりゲソのうまさには根拠があったのだ。

江戸前では、春にはクロダイ、初夏なればば身がたっぷり入った煮ハマグリが旬を迎える。スズキやアジも脂が乗って鮨の種になる。タコも浅場に寄ってくる。ただしタコは、三浦半島の佐島《さじま》や城《じよう》ヶ島《しま》周りの産が珍重《ちんちよう》されたようだ。江戸前鮨の代表格とも評判の高いコハダの若魚であるシンコが出回るのもこの時期。この数年、江戸前はコハダが異常発生というほど多い。それを追うスズキもよく目にする。なんともうれしい光景である。

江戸前のアナゴは周年捕れるが、「梅雨《つゆ》アナゴ」の言葉があるように、６月頃から脂がたっぷり乗った太い上物《じようもの》が入ってくる。サラリーマンが勤め帰り、半夜釣りのアナゴ釣りに夢中になるのもこの季節だ。

ハゼの握りは銀座の有名店でも出していたと聞いた。ハゼは三枚に下ろして皮を引き30分ほど生《き》醤油に漬けて握るとたとえようもない味がする。よく似たシロギスは、下ごしらえは同様だが、柑橘《かんきつ》類を絞って握ってもらうと抜群にいける。

小魚が豊富な江戸前の海が生んだにぎり鮨

江戸前で大きな魚といえばスズキぐらいなものだろう。ただ、江戸前の魚はなんといっても小魚が多い。半身にして握るにはぴったりのサイズの魚が、よくもまあそろったもんだと感心する。とくにコノシロの若魚というか稚魚のシンコ（新子）など、一貫に2尾（4枚）ものせて出されることもある。江戸時代、コハダはとくに人気があったようだ。しかしこの魚、煮ても焼いてもそれほどうまいものではない。まして焼き物は「この城を焼く」として、武士は絶対に口にしなかったとか。

コノシロ、コハダやシンコは、塩と酢の塩梅《あんばい》が合ったればこそ、うまいと感じる種になる。それだけ下仕事には厳しいものがある。江戸前の鮨職人になるには避けて通れない修業のひとつが、この下ごしらえだという。

ところで、にぎり鮨が誕生するほんの少し前、米に酢を混ぜて酢飯にし、塩や酢で締めた魚をのせて押した早鮨に人気があったという。これを一口大に切って盤台に並べて重ね、肩にかついで「鯛のすし、鰺《あじ》のすし」と、売り歩いたという。そこに使われた江戸前の魚は、さばく直前まで生きていたわけだから新鮮そのもの。置いてあった酢飯に塩や酢を当てる前の刺身をのっけて食べてみたら、うまかった。それが「賄《まかな》い」になり、やがて商品化へと変化していったのが江戸前握り誕生の真相ではなかろうか。

鮨に「江戸前」の冠が付いたのはいつのことか？

ところで、ウナギの代名詞だった江戸前という言葉が、いつから鮨に使われるようになったのかが、長年の疑問だった。篠田統《しのだはじめ》氏の『すしの本』には、日本橋・吉野鮨本店の4代目、吉野昇雄《よしのますお》氏から聞いた話として、『江戸喰物重宝記』に「地曳き寿しが、ウナギのまねをして、すしにも使いだした」と書かれているそうだ。この本、正しくは『江戸町中喰物重宝記』という表題で、世に出たのは天明《てんめい》8年（1787年）のことである。

つまり、まだにぎり鮨の誕生以前。生なれ鮨や早鮨がもてはやされていた時代である。しかもウナギは旅鰻を使わなければ需要に追いつかず、看板から江戸前の3文字を消していった時代に符合する。日本橋吉野家にお邪魔して当代にお伺いしても「地曳き寿しねえ？　おやじからも聞いたことねえなぁ」ということだし、文久《ぶんきゅう》年間創業の美家古鮨本店の先代や当代にお伺いしても分からなかったわけである。しかもこの「地曳き寿し」は、どうも幕末から明治の初期には店をたたんでしまったようだ。

ただし明治時代も後半になると、鮨屋は「うちは関西の押し鮨じゃありませんよ。にぎり鮨の店ですよ」とアピールするためと、「新鮮な江戸前の魚介を握っていますよ」という意味を込めて、看板に「江戸前」の3文字を付けたようである。

従来の押し鮓やなれ鮓と違って新鮮な生の魚介を使う鮨屋は、早くも幕末に大坂や名古屋にも誕生した。しかし江戸風の食べ方になじみがなかったのか、江戸のように「町内に蕎麦《そば》屋より多くなった」というほどには繁盛しなかった。

現在、にぎり鮨に使う種は、その土地ごとに工夫され、地魚を中心にした組み立てで好評を得ている。ただマグロを種に使うことだけは全国共通である。これは山奥の温泉宿に泊まっても「お造り」にはかならずといっていいほどマグロが出されることと同様だろう。これこそ冷凍技術のお陰にほかならない。

大間《おおま》の本マグロ崇拝に思うこと

東京の総武線浅草橋駅にほど近い、柳橋に美家古鮨本店がある。創業が文久《ぶんきゅう》年間といい、当代は6代目にあたる。鮨の歴史や江戸前の今昔をお聞かせ願おうと出かけてみたが、看板と暖簾がかかっているだけで、昼時だったが店の前には「ランチタイム定価表」もない。カードのラベルも貼っていないから、おそらくカードも使えない。が、ここまで来て引っ返すわけにはいかない。意を決して暖簾をくぐった。

その日は「できれば江戸前の種物《たねもの》中心で握ってもらえれば」と、「おまかせ」にした。カウンターに座ると６代目の加藤章太《かとうしょうた》さんが次々と握ってくれた。握った鮨は付け台に静かに置かれる。箸も手ふきも置かれていたが、自然に手が出てしまった。種もいいが、酢飯が抜群にいい。きりっとした酢と塩のバランスが絶妙なのだ。種には下ごしらえがしてあるし、煮きりもつけてくれる。こちらは次から次へと口に運ぶだけでいい。

私が深川の生まれで戦後まもなくから船に乗ってノリヒビの周りで釣りをした話などをすると、隣に座っていた5代目の裕宏さんも話に乗ってきてくれた。ありきたりな表現で恐縮だが「豊饒《ほうじょう》だった江戸前の魚介の話」で盛り上がり、気がつくと最後のフルーツが運ばれてきた。なんともいい時間を過ごすことができた。

三度目に出向いたとき、妻を同行させた。ひたすら江戸前の伝統を守る店の味に対する率直な感想を聞きたかったからだ。

電話で予約を入れておいたので、カウンターにはショウガの酢漬けが山盛りに置かれ、到来を待っていてくれた。この日は5代目がつけ場に立った。最初は中トロ。妻が思わず「美味しい！」と小声でつぶやいた。この声が親方にも届いたのか、笑顔を見せて、

「これ、銚子で上がった120キロのシビだけど、うめえでしょ」。

「銚子でもそんなデカイマグロが上がるんだ」と驚いた。

じつは2009年の秋から2010年の初冬にかけて、房総沖はマグロ釣りにわき立っていた。私はタイ釣り専門だが、エビをエサにして10キロを超すマグロを釣り上げた人もいた。生きたアジなどをエサにすると20〜30キロのマグロが1船で5、6尾釣れることも珍しくないのだ。暮れにはイワシやイナダ、アジを追って100キロ級のマグロが何尾もジャンプする姿を何度も目にした。そのマグロがお江戸・柳橋で食べられるとは、思ってもみなかった。

幕末、相模湾でシビ（本マグロ、クロマグロ）があまりの大漁《たいりょう》で、江戸に運ばれたがそっぽを向かれてしまったことなどが川柳などに残っている。『守貞謾稿』のにぎり鮨の記述に載っている「マクロサシミ」がこれである。

2010年のマグロの初せりで数千万円もの高額で落札されたマグロをマスコミが追いかけて、鮨屋で食べるお客さんにインタビューするニュースが流れた。「さすが大間の生の本マグロですね」と、予想したとおりの答えが返ってくる。各局は競って大間の一本釣りを紹介する。もう、うんざりである。大間の一本釣りのマグロはたしかにうまい。だがそれは、

5日から1週間寝かせ、アミノ酸を熟成させてからの話だ。釣った翌日なんか、歯ごたえはあってもマグロ本来のうま味なんかまだ出てこない。それを客に出すほうも、追いかけるテレビ局も、値段だけでありがたがる客の姿も、あきれはてて溜め息が出るばかりである。

鮨は、酢飯に対する気配りも大事な要素

子どもの頃から私は、鮨はカウンターでお好みを注文して食べるというぜいたくをさせてもらった。週末も休みがなく、日頃は遊んでやれない父の、せめてもの詫びだったのかもしれない。ただ昭和30年代にできたご町内の鮨屋だけは、父に誘われてもあまり行く気になれなかった。大店《おおだな》からの暖簾分けで店を出したというふれこみだったので、最初は期待していた。だが米屋のわが家に注文してくる米はいつも「一番安い米でいいよ」と言う。おまけに「これはうまい」という種がなかったばかりではない。カウンター越しに親方が「握りに使う米なんて、どうせ酢で味をつけちまうんだから、どんな米だっておんなじですよ」と言う言葉が、米屋のせがれとして許せなかったことを今でも忘れない。店は客が入らず、数年で閉めてしまった。

私の実家が米屋だったと5代目に話したとき、親方は「うちはササニシキとコシヒカリを

ブレンドしているんだけど、お前さんの代で暖簾下ろしたほどの道楽息子でも、そう言やあわかるだろ」とにやりと笑った。こんな辛辣《しんらつ》なことをしゃらっと言われると、黙ってうなずくしかない。今でこそコシヒカリが米の代表格のようにいわれるが、宮城県を中心としたササニシキが全盛の時代があった。ササニシキはどちらかというと軟らかめで粘りがある。コシヒカリはいうなれば炊き上がりに腰があることが売り。いずれの米も最上級品になると甘みがあり、おかずがなくても食えるほどうまい。

握ったときに外側がしっかりし、口に入れると噛まずにほぐれるように酢飯を仕上げるには、このブレンドはじつに合理的だ。この店に米を卸している米屋は、さぞ気を遣《つか》うことだろう。それに、米を研いで焚く職人さんの苦労はいかばかりか。米は同じ銘柄でも乾燥度、つまり吸水率はかなり違う。2升釜で炊くというから、水加減を間違えると2升（2・8キロ）の米が無駄になってしまう。

親方は「ウチは昔からやり方（塩と酢の塩梅）を変えてないけど、最近の酢はどこも味が丸くなっちまったね」と言っていた。あの鼻にツーンとくるとがった酸味がなくなったという。そうかもしれない。

満腹になっての帰り道、妻は「上にのっていたタネもだけど、ご飯が美味しかったわよね。手に持ったときはしっかりしているのに、口の中でほろりと崩れるのね。お酢とお塩の加減もちょうどよかったわ。それに人肌の温度で握ってくれるとあんなにも味が違うものなのね」と、満足気だった。

にぎり鮨の発祥と昨今の鮨事情

創業当時の話を6代目に聞くと「私はじいさんから『昔は笹で巻いて売っていた』って聞いてますけど。最初は千住《せんじゅ》で、やっぱり屋台だったようですよ。日光参りの人でかなり賑わっていたようですからね」と言うとおり、日光街道の千住付近の賑わいは江戸時代からかなりのものだったようだ。

千住にある川魚問屋・鮒與《ふなよ》は元禄《げんろく》年間の創業で、ウナギのほかにフナ、ドジョウ、コイなどを扱っていたという。将軍家への献上も記録に残っており、当主は代々鮒屋與兵衛《ふなやよへえ》を名乗ったそうだ。夏は日に1トンものウナギを扱うというが、江戸前ウナギが珍重された当時、「江戸後ろ」などと呼ばれ、さぞや不快な思いをしたに違いない。

話がまた横道にそれてしまったが、にぎり鮨の創始者とされる花屋与兵衛が客に供したとされるまでの経過について少し説明しておこう。

与兵衛の父は花屋という屋号の八百屋《やおや》を営んでおり、越前《えちぜん》福井藩の江戸屋敷お出入り商人だった。与兵衛は札差《ふださし》に十数年間勤めるが、ぜいたく三昧《ざんまい》で身を持ち崩し、奉公《ほうこう》を終えたときは無一文だったという。あれこれ商いに手を出すが、どれも失敗。最後に手を出したのが屋台の鮨屋だった。札差の本業は幕府お蔵米の管理だから、米の良し悪しを見分けるのはお手の物だった。押し鮨は時間がかかるし、それほどうまいものではない。そこで鮨に向いた米をやや硬めに炊き、酢に砂糖を少し混ぜて合わせぎゅっと握る。これに酢で締めたコハダをのせ、間にワサビを挟んでみた。これを札差仲間に試食してもらうとえらく好評を得て、自信をつける。

そんな与兵衛が屋台を出したのは、現在の両国橋の東南側。当時は相撲小屋や花街があり、人の往来もかなり多かったようである。鮨の素材もコハダのほかに湯がいたクルマエビ、シラウオ、アナゴ、卵焼き、ミル貝など、次々と種類を増やしていく。それが人気に拍車をかけ、大評判となる。酢飯と鮮魚の間にワサビを入れたのも、与兵衛とされている。

にぎり鮨が従来の鮨とまったく違うのは、酢飯と種を手で握る点にある。「妖術という身で握る鮓の飯」と詠《よ》まれたように、この鮮やかな「握りの技」、つまり職人芸が生み出した鮨である。従来の家庭ずしの延長ではないのだ。「にぎにぎを先へ覚える鮓屋の子」の一首はなんとも微笑《ほほえ》ましい。家庭で種をそろえて仕込みをし、握る練習をすれば「にぎり鮨のようなもの」はできる。しかし、口に入れたとたんにほろりとするようには握れない。

　現在、回転寿司、宅配寿司が大流行で、酢飯は機械が自動で握ってくれる。大きさも形も微調整できるようになり、人間様はただひたすら種をのせるだけ。それが1皿に1、2貫のってなんぼの明朗会計。だから賑わいを見せるのも無理はない。また、大型スーパーには、四角く薄い箱ににぎり鮨がずらりと並ぶ。中から好きなものだけを選んでパックに入れる。これなどは、江戸時代における屋台の辻売りにそっくりな商法である。

　その一方、おひとり様おまかせで3万円からという高級鮨にも人気があるようだ。予約は3カ月先までいっぱいの店もあるとか。お値段もさることながら、気軽に話ができる、馴染みの鮨屋さんを近所で探し出すと、人生がちょっぴり豊かになること請け合いである。

江戸前のてんぷら賛歌

　最後になってしまったが、今やてんぷらといえば黙っていても江戸風を指すようになった。小麦粉と玉子に水を加えた「玉水《ぎょくすい》」で溶いたころもを付け、新鮮な魚介をカラリと揚げたものがてんぷら。野菜を揚げたものを精進揚《しょうじんあ》げといって区別するのが本来の江戸風。

だが最近は魚介と野菜を組み合わせて揚げることが多くなった。だれが揚げても失敗がないという「てんぷら粉」も売っているから、家庭でも手軽にできる料理のひとつでもある。

てんぷらは漢字で天麩羅と書く。「天」は揚げ物、「麩」は小麦粉、「羅」は薄衣を表現しているとされる。山東京伝《さんとうきょうでん》が書いた『蜘蛛の糸巻』で「大坂から食い詰めて江戸にきた利助という男が大阪で野菜を使って揚げるツケアゲを江戸前の魚を使って売り出したいと言いだし、天竺浪人《てんじくろうにん》がぶらりと来て始めたから天麩羅がよかろう」という有名な話がある。しかしまったく根拠のない説としてもよく知られている。

てんぷらは、魚介のうま味を閉じ込めて甘みを引き出し、水分を飛ばすという優れた調理法。これが嫌いという方はまずいないだろう。ただ高齢者で糖尿病もしくはその予備軍と医者に診断されてしまうと、「てんぷらやトンカツなどの揚げ物は極力避けるように」と釘を刺されてしまうのでご用心。

本来、てんぷらは南欧料理として長崎に伝わったもの。ラテン語のテンポラ、ポルトガル語のテンペラーなどを語源とする説もあるようだ。しかし肝心の南欧ではその料理は跡形もなく消えているそうだ。それが江戸で江戸前の新鮮な魚介を使って水溶きした小麦粉で揚げるようになり、その人気が全国を席巻《せっけん》した。ただいくつかの県では、東京でいう「さつま揚げ」、つまり魚のすり身を揚げたものをてんぷらと称することはご承知のとおりである。

てんぷらにする種は、それほど大きくないものが向いている。大きな魚の切り身を揚げてもよいのだが、江戸前ではシロギス、ハゼ、メゴチ（ネズッポ）、ギンポ、アナゴ、シャコ、コウイカ、クルマエビ、シバエビとそれぞれ個性的な味の種が大量に捕れる。しかもそれぞれに旬があるから四季を通じて楽しめるという利点もある。

江戸時代からの割烹《かっぽう》・八百善の品書きには、江戸前の名産カキのてんぷらがあったし、バカガイ（アオヤギ）の小柱《こばしら》なども忘れてはならない素材である。

てんぷらも屋台から始まった

一流ホテルのてんぷらの専門店に行くと、ちょいとびっくりするような単品があったりする。てんぷらだけのコースなら、生きたクルマエビが2本にシロギス、アナゴ、コウイカかアオリイカ、それに季節によってマツタケなんぞが付いて8000円前後だろうか。5000円程度のリーズナブルなコースもある。

だが晩秋、とあるホテルで本日のおすすめと書かれたボードにハゼと書いてあった。お値段なんぞは書いていない。そこでさりげなく小声で「ハゼは1匹おいくら？」と聞いてみると「はい、1800円でございます。追加しましょうか」と聞かれ、「いや、きょうは十分にいただきましたから」と断わった。揚げる種に信念を持っているてんぷら職人は、上がった（死んでしまった）ハゼやアナゴ、エビなどは絶対に使わない。とくに生きたハゼは滅法高い。キロで1万5000円前後はするから仕方がないが……高すぎた。

ゲップが出るほどてんぷらを食べたければ、てんぷら食べ放題の屋形船がおすすめだ。現在、東京湾奥の船宿はほとんど、この屋形船が営業の主力になっている。相場はだいたい1万円で、前菜やオードブル、刺身盛り合わせがまず出て、そこからはてんぷらが食べ放題。揚げたての熱々《あつあつ》が次々に出てくる。エビ、アナゴの一本揚げ、シロギス、イカ、サツマイモ等である。船によっては江戸前のハゼや、昼間の釣り船で船長が釣ったシロギスが提供されることもある。

かつて食べきれなかったてんぷらは、お持ち帰りのお土産になった。ところが近年「当局（保健所）のお達しにより、てんぷらのお持ち帰りはご遠慮ください」の張り紙が出るようになってしまった。お土産にもらった冷めたてんぷらは、翌日、市販のそばつゆをベースに砂糖を少々加え、天丼にするとじつにうまかった。

ちなみに江戸時代には、お宅まで出向いててんぷらを揚げてくれたり、料亭のお座敷で揚げてくれたりと、さまざまな形態があった。船でてんぷらを揚げて食わせる船宿もあったようだ。こちらは商談のほか、忍び会う男女の御用達《ごようたし》でもあったようだ。

しかし、その時代の主力はあくまでも屋台の辻売り。しかもなぜか橋のたもとに出す見世《みせ》が多かったとされる。「天麩羅の指を擬宝珠へ引ンなすり」の川柳にあるとおり、油で汚れた指を橋の手すりのてっぺんに付いている擬宝珠《ぎぼし》へなすりつけるというわけだ。

屋台のてんぷらは、串に刺して揚げたのか、それとも揚げたてんぷらを串に刺したのかは定かでない。ただ屋台に串を入れる壺が置いてあったことは当時描かれた絵で見ることができる。またそれを天つゆにつけて食べていたようである。

ただし下町に特有のことかもしれないが、家庭で揚げるてんぷらはダイコン下ろしと醤油で食べることが一般的だった。昭和40年代だが、私がてんぷら船の船頭のアルバイトをしていた時代には、ダイコン下ろしにショウガのすり下ろしを混ぜ、醤油でお客さんに召し上がっていただいていた。

最近では塩や岩塩、抹茶塩などを出す店も少なくない。だがわが家では、私だけは今もってダイコン下ろしと生《き》醤油で食べている。

なぜ屋台の食い物屋が江戸で流行《はや》ったのか

鮨にてんぷら、蒲焼きのほか、ソバやうどんと、江戸の町は屋台で溢《あふ》れていた。なぜだろう。大した資本もいらず店が出せるという利点が最大の理由だが、ちょいとした家では「店屋物を食べる」という習慣はなかったはず。にもかかわらず多大な需要はどこにあったのか。それは地方から江戸に働きに来る人足（労働者）が圧倒的に多かったからだとされている。独《ひと》り者《もの》では煮炊きもできない。勢い屋台の世話になる。

それと本書の趣旨とはまったく外れてしまうが、食べ物の屋台で賑わう近くには、岡場所《おかばしょ》（私娼街）が多かったという記録がある。公娼である吉原へ上がるのは、懐《ふところ》にそこそこ余裕がある者に限られ、多くの労働者は私娼で欲求を満たしていた。夜、ゴザを持って女が立てば、まだ街灯もない時代だけに事を済ませる暗闇はいくらでもあった。この色と食欲という二大欲求が、江戸の食文化を下支えする原動力になったことは否《いな》めないことであろう。

第4章　江戸の世から生きつづけてきた魚たちの今とその味

江戸時代には、その時代における百科事典的な名著が何冊も残されている。後世、その時代を知ろうとする者にとっては、なんとありがたいことか。ただし、江戸時代は現在のような情報化社会ではない。一つひとつの事柄を表記する漢字の適否、名称の由来や真偽などに関する話を聞き取り、集めてまとめるという作業が、どれほど大変だったことか。しかも原版は木版の和綴《わと》じである。

この大著の中に長年にわたって探していた物事の由来などを記した文献に出会うと、飛び上がるほどうれしくなる。だがこれが、束《つか》の間《ま》のぬか喜びに終わってしまうこともなんと多いことか。とくに喜多村信節《きたむらのぶよ》（号は筠庭《いんてい》）の著になる『嬉遊笑覧《きゆうしょうらん》』にはその傾向が強い。

とはいえ、当時はそう考えられていたという参考にはなる。

江戸時代の中頃、享保《きょうほう》20年（1735年）、菊岡沾涼《きくおかせんりょう》という人の纂《さん》になる『続江戸砂子温故名跡志』（以下『続砂子』と表記する）という本がある。江戸時代の年中行事、地名の由来、江戸名産などを多面的に記した、じつに内容豊かな本である。原本は早稲田大学図書館に所蔵されており、インターネットで各ページをめくって読むことができる。興味をお持ちの方はぜひアクセスしていただきたい。

この中では、前章ではご紹介することができなかった、江戸時代に名物とされた食べ物などを紹介してある。そこで魚介だけを取り出し、当時と現在の状況をできるだけ客観的に比較しながら話を進めていくことにしよう。

生きていた幻のアサクサノリ

『続砂子』では、ノリは野菜の項に掲載されており、次のように記されている。

○浅草海苔　雷門の辺にて之を製す。二、三月のころさかん也。
○品川生海苔　品川・大森の海辺にて取る。浅草にてせいする所ののりは、則此所ののり也。

同書に紹介されたように品川や大森で養殖されたアサクサノリだが、今や絶滅危惧種に指定される事態に陥っていることは前述した。残念ながらこの状況は今も変わっていない。しかし暗いニュースばかりではない。２００６年、多摩川河口でなんと天然のアサクサノリが発見された。報道各社がどっと押し寄せ、その日のうちにニュースとなった。

アサクサノリを発見したのは、千葉県立中央博物館の菊地《きくち》則雄《のりお》研究員。多摩川河口に群生《ぐんせい》するアシの根元に生育した状態で、細々とだが生きていたのを見つけたのだ。念のためDNA検査にかけられたが、間違いなく古来、江戸前で収穫されていたアサクサノリと同一種であると断定された。しかしニュースでの紹介が話題を呼び、多くの人が河口に押しかけ、貴重なアサクサノリが踏み荒らされるという事態も招いてしまった。

じつはこの多摩川河口に自生するアサクサノリは、専門家の人たちの間ではニュースになる数年前から知られていたようだ。しかし報道機関に知れてしまうと多くの人が立ち入って、せっかく育ったノリを摘《つ》んでしまったり、踏み荒らされたりすることを危惧《きぐ》して公表を避けていたという経緯があった。2006年、世に知れ渡ると同時に、やはり事態は危惧したとおりになってしまった。

じつはこのニュースが流れた年、千葉県金田漁協では、アサクサノリの再現テストに成功していた。報道各社は血眼《ちまなこ》になってその精製されたノリの行方《ゆくえ》を追った。各社とも日本橋などにある老舗の海苔店に当たってみたが、どこも「今はもう扱っていないですね」と断られてしまった。しかしFNN「スーパーニュース」だけが、生産者から「もしあるとすれば」と拙宅を教えられ、押しかけてきた。縁あって頂戴《ちょうだい》した正真正銘《しょうしんしょうめい》の浅草海苔は、わが家の冷蔵庫の密封容器に乾燥剤を入れて保存されており、多少の蓄えがあったのだ。

七輪《しちりん》に備長炭《びんちょうたん》をおこし、貴重な浅草海苔を炙ってから、半分に切ってキャスターに手渡した。ひと口かじった彼は突然笑いだし、「な、なんですかコレは。ノリですよね？　うまい。今まで食べていたノリはいったいなんだったんですか」と、あまりの感動に目を丸くした。

残りの浅草海苔は、塩だけで味付けたおむすびに巻いて試食していただいた。これをかじりながら「ノリがこれだけうまいと、おむすびの中の具にサケもタラコもいらないですね」と、これまた仰天。そしておもむろに1帖の焼きノリを取り出した。「いくら浅草海苔がうまいといっても、最上級のノリと食べ比べればたいしたことないだろうと思って、じつは1帖だけ買ってきたんですよ。でも食べ比べる必要なんかまったくなかったです。まったく別物ですよ、コレは。昔の人はこんなうまいもん食ってたんですか！」とコメントしていた。これがこの日の夕方オンエアされた「スーパーニュース」内の「今日の特集」として全国に流れた放送の舞台裏だった。

養殖するのがとてもむずかしいことからスサビノリに取って代わられたアサクサノリだが、自然の生命力とはなんと素晴らしいことか。

多摩川の天然アユは、今も100万尾を超す遡上《そじょう》がある

多摩川に棲息するアユに関する『続砂子』の記述は次のとおりである。

○多磨川鮎　多磨群の川也。（略）六郷の川上也。一名香魚という。香のよきゆえ也。

そしてアユの鱗《うろこ》が小さいこと。月ごとに成長し、冬が近づくと河口に下って卵を産むこと、神功皇后《じんぐう》がアユを釣られたことのほか、1年で一生を終える年魚《ねんぎょ》であること、オスとメスの見分け方を記し、メスのほうが美味であると詳述している。

「東京都島しょ農林水産総合センター」と長ったらしい名前になってしまった旧東京都水産試験場。ここで多摩川のアユの生態と、東京都内湾における稚魚《ちぎょ》の魚種やその生育状況などの、地道な研究を重ねてきた男がいる。小泉正行《こいずみまさゆき》氏である。1989年の春、着任した東京都水産試験場での担当業務は、多摩川のアユ遡上調査と都内河川の魚類調査だった。

彼は漁業者のほか、釣り人にも積極的にアユに関する情報収集を呼びかけたりしながら、独自の調査活動を行なった。途中で8年間、八丈島分場へ転勤する。2004年ふたたび東京に戻り、多摩川のアユの卵が河口周辺に繁茂するアマモなどに付着し、孵化《ふか》するまでの写

真を撮ることにも成功する。孵化した仔魚《しぎょ》が、江戸前の海で盛んにプランクトンを捕食しながら泳ぐ姿もカメラに収めた。

彼は、東京湾奥に残されたわずかな干潟《ひがた》などの浅場や、河口域が《稚アユの揺りかご》になっていることを証明してみせた。当時、多摩川は「都市が滅ぼした川の代表」という汚名を着せられていた。しかし彼は多摩川が今も、毎年天然のアユが１００万尾以上、年によっては２００万尾を超す遡上がある川であることを確認した。そしてマルタ、コイ、オイカワ、ウグイやウナギなど絶滅に近いと思われていたほとんどの魚種が、まだまだ健在であることを世にアピールしたのだ。

問題は現在の多摩川で捕れるアユの味だが、釣り人の間ではきわめて上々の評価である。アユの稚魚放流も行なわれているが、天然遡上のアユが多いことでも知られている。友人が「友釣り《ともづ》」で釣ったアユをもらい受け、塩焼きにして丸かじりすると、はらわたからスイカに似た香りがした。

川底の石に生えるコケを食んで《は》成長し、塩焼きサイズに育ったアユもうまいが、10センチ前後の稚《ち》アユの味わいも格別なものがある。明治の初期、にぎり鮨の開祖である与兵衛寿しでは、アユを「姿」で握った絵が残されている。おそらく遡上直後の稚アユを腹開きにし、塩と酢で締めたのだろう。アユの骨はじつに軟らかい。「背ごし」といって、アユを骨ごと薄切りにして酢味噌やタデ酢で食べる料理法がある。私の父は6月のアユ釣り解禁直後の多摩川に出かけ、まだ小さなアユを蚊《か》バリでたくさん釣ってきた。「チンチン釣り」と呼ばれる、毛バリを使った流し釣りである。これは、てんぷらにすると淡泊な味であった。

シラウオは絶滅したが、イシカワシラウオが今も江戸前に棲息している!

『続砂子』には、佃のシラウオと浅草川（隅田川）のシラウオが紹介されている。浅草川のシラウオに関しては「寛永《かんえい》の末の比、白魚の胤《たね》をまかせられし也」と書かれている。浅草川とは隅田川の河口近くのことだ。しかし残念ながらこれは俗説にすぎない。徳川家康が大のシラウオ好きだったので、三河の国から「シラウオの種を持ってきて浅草川にまいたところ、それまで居なかったシラウオが捕れるようになった」という伝説ゆえの俗説だ。佃漁師が江戸に移り住み、シラウオ漁に使う大きな四つ手網を持ち込み、松明《たいまつ》を燃やす「夜焚《だ》き漁」を行なうまで、シラウオを捕る漁法が単に行なわれていなかったというだけの話である。

ただ東京都が昭和40年代から毎月行なっている江戸前の魚類生息状況調査で、2000年の春にたった3尾ではあるが、イシカワシラウオが捕れたという記録がある。図鑑で調べてみると、シラウオとイシカワシラウオはそっくりで、背ビレや尾ビレの条数が違うだけ。またイシカワシラウオには、尾ビレの近くに黒点があるそうだ。だがちょっと見ただけでは素人《しろうと》には区別がつかない。

生態系としての大きな違いは、シラウオは産卵期になると川や沼に上るが、イシカワシラウオは沿岸で1年という短い一生を終える点である。茨城県や福島県の近海で捕れたシラウオはすべてこのイシカワシラウオであったという各水産試験場による調査報告がある。太平洋沿岸では、和歌山県沖あたりまで広く分布するそうだ。

すると、もしかしたら『江戸名所図絵』などに描かれている、佃沖で篝火《かがりび》を焚《た》いて捕れたのは、イシカワシラウオだったのかもしれないという仮説が成り立つことになる。しかも市場では、シラウオとイシカワシラウオを区別せず、「シラウオ」として取引されていたという。

こうした経過から考えてみると、浅草川や中川、江戸川の川筋で捕れたものだけが本物のシラウオだったのかもしれないと、私は思っている。しかしもうこの区別を検証することはできないだろう。どなたか奇特な水産関係者に調べていただくと、江戸前におけるシラウオの歴史がひっくり返る事実に遭遇するかもしれない。

昭和50年代半ば、銚子《ちょうし》へ取材に出かけたときのこと、ちょっと早めに船宿に着いてしまった。民宿を取るつもりでいたが、船頭が「今夜はウチに泊まんなさいよ。こんな汚ねえとこだけど、どうせ飲んで寝るだけだろう。そうだ、記者さん、ちょいと待ってなよ。今夜はうめえもんをご馳走《ちそう》してやんからよ」と外に出ていった。船頭は夕方6時少し前に帰ってくると、バケツにいっぱい、シラウオを持っていた。「まずは酢と醬油をちいっとばっかし垂《た》らして食ってみな」と、深めの器にいっぱい入れてくれた。

「これ、どこで捕ってきたんですか?」

「昔からよ、利根川河口はシラウオの名産地よ。知らなかったんか?」

「江戸前じゃもうシラウオが捕れなくなったから、生で食うのは初めてですよ。それにしても軽くてさっぱりしているけど、魚そのものの味はしっかりしているんですね」

「そうだろう。今年はいつもよりちっとばかり水揚げが少ねえけど、いくらでも好きなだけ食いな。そうすりゃ明日の取材も元気でやれらーな」と言いながら、冷や酒をあおった。

台所では奥さんが、シラウオの玉子とじと三つ葉を入れたかき揚げを作ってくれていた。シラウオの食べ放題は、それが最初で最後だった。だがあのシラウオが、じつはイシカワシラウオだとは思ってもみなかった……。

このイシカワシラウオが、千葉県の船橋市に残る三番瀬《さんばんぜ》で平成20年に1尾だけだが発見されたという。どうも江戸前を含む東京湾奥には、まだわずかながらイシカワシラウオが生息している可能性を否定できない。

ちなみにシロウオはハゼ科の魚。シラウオやイシカワシラウオとはまったく別種である。

浅草川の紫鯉は釣り人の竿を大きく絞る

『続砂子』には、駒形堂《こまがたどう》、花川戸《はなかわど》のあたりに紫鯉とよばれるコイが生息していたと書かれている。しかも「山州淀川の鯉より勝れたりとす。（中略）煮て食すれば水腫を治し、小便を利し脾胃を補う」と書かれているのだ。また「色金紫也」であり、「鯉は魚の王」とも書かれている。京都盆地を流れる淀川のコイより美味という隅田川の紫鯉。事実ならすごいことである。

前述のように浅草川とは隅田川の河口近くで、現在の駒形橋《こまがたばし》の上下あたりを指《さ》している。ただ隅田川でコイ釣りの名所といえば、両国橋下流の通称「百本杭《くい》」が有名だった。現在のように屹立《きつりつ》した護岸になる前はまさに「大川端」で、夕涼みはもちろん、釣り人も賑《にぎ》わいを見せていた。土留めや船を係留《けいりゅう》するために打たれた杭の周りには、フナやタナゴ、ウナギやコイなどさまざまな魚が住み着いていた。その様子は、幸田露伴が釣りの師と仰いだ石井《いしい》研堂《けんどう》の『釣遊秘術・釣師気質』の口絵にも紹介されている。

江戸時代に書かれた釣りの文献を探してみると、「金紫色のコイ」は、米粉の団子を餌にして釣ると出されていた。

とてつもなく大きく育ったコイは、今も隅田川にいる。水が澄《す》んだ神田川に架かる橋の上から眺めていると、50〜60センチ級のコイに交じって1メートル近い巨大なコイが悠然と泳いでいる姿を目にすることがある。このコイは隅田川を行き来しているものに違いない。

コイの一部は、上流の市ヶ谷の釣り堀から大雨で掘が溢《あふ》れた際に逃げたものだろう。しかし隅田川の上流にある水門周辺では、今も巨大なマゴイが釣れることで一部のマニアに人気がある。

残念なことに隅田川のコイを食べたことがないので味の評論はご勘弁を。

シジミの名品――業平橋《なりひらばし》蜆《しじみ》、尾久《おぐ》蜆《しじみ》

『続砂子』には「両処の蜆大きさは小蛤ほどあり。風味甚だよろし。江州瀬田蜆名産といえども及びがたし」と絶賛している。ここにいう蜆《しじみ》は「荒川にて取れる」とある。種類は間違いなくヤマトシジミだが、「近江の瀬田川で取れるシジミも及びがたい」という絶賛ぶりには恐れ入ってしまう。

荒川は、昔も今もシジミが採れる。私が子どもの頃、ハゼが釣れないとシジミを掘って土産《みやげ》に持ち帰ったものである。荒川という川は、子ども心になんとも不思議だった。河口から少し上流へ行くと、ハゼも釣れるが泥の中を掘るとシジミが出てくる。

ところが河口から砂浜に出ると、アサリがザクザクと掘れる。家に帰ると「ハゼより貝のほうが後の始末がないからうれしいよ」と喜ばれる。ハゼがまったく釣れず、仕方なく土産にするためのシジミやアサリを掘る子どもの気持ちなど、母親は考えてくれはしないのかと恨《うら》めしく思ったものだ。

ただ『続砂子』に書かれた荒川のシジミが「大きさ小蛤ほど」だったかは、記憶にない。

近年、漁師の小船がジョレンという貝掘り器を使ってシジミを採っている光景をよく目にする。もう陸から入って掘れるあたりには、シジミはいなくなってしまったようだ。

「中川鱚《きす》」の正体はアオギスだった

『続砂子』に中川鱚の説明として「夏の末秋に至りてさかん也。大きさ七八寸に至る。猶大小あり。其ノ肉潔白にして性かろし。病人食して妨げなし。生乾し又よし」とあるのは、江戸時代の通称・川鱚《かわぎす》で、これはアオギスのこと。「夏の末」とあるが、江戸前でキス釣りのスタートは「八十八夜を過ぎてから」とされていたものである。

ただ残念なことに、アオギスは浅瀬《あさせ》の減少などで江戸前から姿を消してしまった魚である。絶滅危惧種の指定も受けている。

キスの大きさは「七八寸」とあるから、およそ21〜24センチ。大きなものは尺ギスつまり30センチを超えていた。このサイズは釣り人に「肘叩《ひじたた》き」として称せられた。釣り上げてハリを外そうと頭をつかむと、尻尾《しっぽ》で「ひじをたたく」ことに由来している。

アオギスこそ姿を消してしまったが、シロギスは江戸前の海にまだまだたくさんいる。東京都が行なっている魚類の生育状況調査船の網には、孵化して数カ月の稚魚がよく掛かる。棲息数が多いのは、都立葛西臨海公園のなぎさ前、通称三枚洲《さんまいず》と呼ばれる場所と多摩川河口近くの砂地である。小さなボートで静かに流すと、小気味よい「引き」で白く細長い華麗な魚体に出会うことができる。だが、この地域にいるシロギスは貴重なので、ハリを外してそっと逃がしてあげることにしている。

江戸前の東側に位置する浦安《うらやす》から富津の沖にかけても多数のシロギスが生息している。大きなシロギスなら塩焼きにする。その身は淡泊で特有の香りがある。また、大型のシロギスは三枚に下ろして皮を引き、刺身にしてもいける。シロギスの身は『続砂子』にもあるように「性かろし」であるから、レモンやカボスを絞ってかけ、醤油は一滴だけ垂《た》らせばよい。また開いて塩を振り、風通しの良い場所で一晩干せば、甘みのある一夜干しに仕上がる。こうしてこそ店では売っていない味覚を楽しむことができる。

てんぷらもいいが、意外にうまいのがフライだ。これにはバルサミコ酢をちょっと垂らすとおしゃれな味が楽しめる。小さなシロギスは南蛮漬《なんばんづ》けにしたくなるが、スマートな魚体のわりに骨が硬いから、おすすめはできない。

「鉄砲洲鯊《てっぽうずはぜ》」は雰囲気が変貌したが、健在なり

ハゼは江戸前ならどこでも釣れたが、とくに中央区・鉄砲洲《てっぽうず》のハゼを上品とした『続砂子』の著者の慧眼《けいがん》はさすがである。ハゼは基本的に冬場の産卵で一生を終える年魚とされる。しかし2年、3年と生きる個体も少なくない。ハゼの移動範囲はせいぜい数キロとさ

れ、江戸前のハゼはいくつもの系群に分かれている。なかでも隅田川河口のハゼは育ちが良く、大型になるのが特徴で、ハゼのうま味が凝縮された優《すぐ》れものとされた。『続砂子』では「石川嶋・永代橋の辺《あたり》上品《じょうほん》也。肉軟脆《なんぜい》味淡美にして性かろし。病人に食しむるに、鰭《ひれ》を去るべし」と紹介している。

さて、ここで紹介されている江戸前ハゼは、どうやって捕ったのだろうか？　まず考えられるのは釣りである。しかも「鰭を去るべし」とあるから、20センチ程度に育った大きなハゼと推測できる。船で釣ったとすると手釣りである。このサイズが釣れる水深は5～10メートルもあるはず。当時の竿ではオモリが底まで届かない。そこで柿の渋を絹糸に塗り防水処理をほどこした糸を手にして釣ったのだろう。それを「脈釣《みやくづ》り」と呼んでいた。

江戸時代のハゼは、おそらく大半は自分で釣ったと想像される。大川（隅田川）をはじめ、下町の運河筋、江戸前の浜辺はハゼ釣りの人で溢れていたと伝えられている。ケタ網漁（小型底引き船）をしていた漁師から聞いた、ハゼの意外な漁法があったので紹介しておくことにしよう。

秋も深まると、5メートルを超す深みにハゼは落ちていく。ところがなぜか夜になるとハゼは、浜辺の浅瀬に上がってきて寝るという。竹の棒の先に畳バリを縛りつけ、カンテラで浜辺を照らしながら歩いていくとハゼの目がピカッと光る。そこを狙ってハリで刺すと簡単にいくらでも捕れたそうだ。これは「ハゼの目突き」と呼ばれた。知り合いの船頭は、「小一時間も歩けばバケツ一杯捕るのは簡単だったっけねえ」と言っていた。「暮れになったらデカくなったハゼを甘露煮《かんろに》用に送ってやるよ」と言ってくれたその年、その船頭は不慮の事故で亡くなってしまった。

「鬼平」こと長谷川平蔵おすすめのハゼ料理

さて、ハゼの食べ方に話を移そう。小説に登場する話ではあるが、グルメで知られた池波《いけなみ》正太郎《しょうたろう》の傑作『鬼平犯科帳』(「五年目の客」)に出てくるハゼは、煮たものである。浅草・今戸《いまど》橋に近い〔嶋や〕という船宿で、平蔵と左馬之助が酒をくみかわしているシーンがある。「平蔵が脂ののった沙魚を酒と生醬油で鹹《から》めにさっさっと煮て、『女よりこのほうが』という下りがある。これは試してみたが、確かにいける。だがちょっと味醂《みりん》を加えて甘みも足したほうが格段に良かった。その味わいはまさに「肉は軟かく脆弱《ぜいじゃく》であるが、味は淡美にして性かろし」と表現されたとおりで、江戸前ハゼの真骨頂《しんこっちょう》を存分に生かしていた。さすが池波正太郎である。

わが家では正月用の甘露煮や昆布巻きを作るために、暮れに釣ったハゼを素焼きにして軒《のき》下で10日ほど干していた。ハゼを焼くのはいつも私の役目だった。素焼きにしたハゼにちょっとだけ醬油をつけてかじったが、なかなかの味だった記憶がある。江戸、とくに下町・深川のお節《せち》料理にはハゼの甘露煮と昆布巻きは、欠かせない品だった。

しかしなんといっても、ハゼはてんぷらが一番。ほっくりした甘みとかすかなハゼの香りこそ江戸前ならではである。

ハゼは、下町に残された運河筋では、8月の終わり頃からどこでも釣れはじめる。江東区の運河で釣れるハゼの場合、保健所が毎年、何カ所かで検体を採取し、体内に有害物質が含まれていないかをチェックして、結果を公表している。毎年「食べても大丈夫ですよ」というお墨付きを与えているのだ。

「江戸前鰺《あじ》」の味は昔も今もまったく変わらず

『続砂子』には江戸前鰺について「中ぶくらと云、随一の名産也。惣じて鯛・平目にかぎらず、江戸前にて漁《すなどる》を前の魚と称して、諸魚共に佳品也」と、簡潔に書いてある。

明治初期に作製された江戸前の海図を見ると、随所にアマモが生えていたことがわかる。

アマモは別名アジモと呼ばれ、浅瀬に密集して生え、稚魚たちの「ゆりかご」になる貴重な藻場《もば》である。その名のとおりマアジやアオリイカなど多数の魚介がアジモに産卵し、孵化までの期間を過ごす。仔魚や稚魚はアジモの間で外敵に襲われることもなく、プランクトンを食べて育っていくのだ。

中ぶくら、もしくは中ふくらと呼ばれたのは江戸前の小アジ。小さいのに栄養が豊富ゆえ腹がふっくらとしていたのでこう呼ばれたようだ。

さて、中ぶくらは本当に美味しかったのだろうか。現在でも、このDNAを持ったアジが釣れる。かつての漁場より少し沖になってしまったが、横浜の真東に位置する中ノ瀬《なかせ》という場所や、千葉県の木更津周辺に多数生息している。東京外湾《とうきょうがいわん》のアジとしては、千葉県金谷《かなや》の「金アジ」がブランド化されつつある。しかしこれに負けず劣らずうまいのが、江戸前のアジである。

もう30年少し前になるが、木更津の船頭から「浅場《あさば》でうまいアジが釣れるから来ないか」と、何度も誘いがあったがなかなか腰を上げなかった。当時、私はアジの手釣りに夢中で、東京湾中のアジを釣りまくっていた。その結果、潮の色がきれいな東京外湾（浦賀《うらが》水道航路）に惹《ひ》かれていた。東京都漁民が漁業権を放棄した直後だし、内湾は汚れていたから食指が動かなかったことも理由のひとつだった。しかしあまりしつこく誘うので、ある夏の午後、仕方なしに取材に出向いた。

釣り場は木更津の港からほんの15分ほど。船長は碇《いかり》を入れて船を止め「やっていいよ」と声をかけてきた。客はひとりもなく、船長と私だけ。しかし小一時間ほど経《た》ってもアジは釣れない。私は「またおめえのホラじゃねえんか」と船長に悪態をついた。すると船長は碇を上げて、さらに浅場へと移動した。ところが、ここで20センチを超すアジが入れ食いになったのにびっくりしてしまった。しかも、どのアジもぷっくらと太っている。

「昔からここにはアジがいたんだっけがよ、だれも釣ろうとしなかったんで、オラが試しにやってみたらよ、一束《いっそく》（１００尾）釣るのわけねえだよ。釣り場が浅いからやっぱり早朝か夕方がいいやね」と、自慢げに話しだした。

帰宅して食べてみたが、脂が乗って刺身、酢締め、てんぷら、空揚げ、押し鮨とアジ尽くしのメニューを並べてみた。これが大好評であったことはいうまでもない。しかしこれが後に知る、江戸前「中ぶくらの末裔《まつえい》」とは、夢にも思わなかった。

富津岬の北側には、アジモ（アマモ）の群生地があって、立入りが禁止されている。また、各県の水産試験場関係者が先頭になって、東京湾にアジモを植える運動を起こし、大き

東京内湾・中ノ瀬で釣れた幅広のマアジ（金沢漁港・忠彦丸）

な成果を得ている。「海の魚は草が育てる」ことに、もっと目を向けていきたいものだ。

江戸前にまだ生きていた「江戸前蛤《はまぐり》」

深川浜の漁師たちが名産のハマグリを幕府に献上していたことは前に述べた。遠浅で砂地が多かった深川の浜は、アサリやハマグリがザクザク掘れたようだ。『続砂子』には、「深川蛤佃沖、弁天沖秋の末より冬に至る、貝こまかにしてすぐれて大きなるは稀《まれ》也。」こう記されている。また、「蜃気楼《しんきろう》は大きな蛤が気を吹いてできるとされるが、迷信である」という趣旨も書きそえられている。

ここにいう弁天沖とは、洲崎弁天《すさきべんてん》のことで、『江戸名所絵図』にも洲崎の潮《しお》干《ひ》狩《が》りが描かれている。私は、深川産のハマグリが「大きなるは稀」という部分には、多少の疑問がある。ハマグリは、小さいうちはアサリと混生しているが、大きくなると少し沖の深みに移る。逆に大ハマグリが採れる場所では、アサリはほとんど採れない。これは、私が経験した戦後の深川における潮干狩りの実態である。深川浜の漁師は、浅い場所で熊手を使って小さなハマグリだけを採っていたのだろうか。少なくとも私が潮干狩りを楽しんだ時分は、子どもの手に余るほどの大ハマグリが採れた。友だちと競って少し深い場所で大きなハマグリを専門に狙ったり、足先で砂底を探った感触でハマグリを当て、潜《もぐ》って採ったりもした。

ここでいう「大きなる」とは、桑名《くわな》から時の幕府に献上された大ハマグリと比較してのことだろうか。

きれいな水を好む江戸前のアオギスとハマグリは、その姿を消したとされている。だが2009年秋、「東京都島しょ農林水産総合センター」を訪れたとき、江戸前調査の第一人者である小泉正行氏が興奮気味に、大きなハマグリを見せてくれた。三枚洲の沖で網に入ったそうだが「このハマグリ、江戸前の固有種の可能性が高いんです」と、手渡された。

黒味を帯びた大きなハマグリであったが、成長を示す文様《もんよう》にちょっとした段差があった。厚みのあるハマグリは、他所《よそ》で採捕した稚貝《ちがい》を撒《ま》いた潮干狩り場のそれとは明らかに違っていた。三枚洲の砂地の中で、じっと成長をこらえていたのだろうか。懐かしさというより愛《いと》おしさが感じられた。

江戸前ハマグリの特徴は、なんといってもあのツルリとした舌触りと、アサリよりはるかに強い磯の香りの2点だった。高価な大ハマグリの澄まし汁は、3月のモモの節句ぐらいしか食べさせてもらえなかったものだ。

しかしなんといっても大ハマグリは「焼きハマ」が定番だった。七輪に網を載せ、その上に置いて焼く。やがて湯気が出てきてハマグリの殻《から》がパカッと開くとき、身が上の殻についてしまい、バランスを崩して横倒しになってしまう。このとき、美味しい白濁《はくだく》した汁がこぼれてしまうことが、なんとも惜《お》しかった。

テナガエビ（手長海老）は、子どもたちにとって絶好の遊び相手

『続砂子』の江戸名産によもやテナガエビが載っているとは思わなかった。飲み屋のおつまみで空揚げになって出てくるあれである。『続砂子』には「両国橋の少上、又本所竪川《たてかわ》横川にあり」と書かれている。子どもの頃はあまり見かけなかったそれが、近年は下町の堀割《ほりわり》ならどこにでもいる。

テナガエビは、オスが黒色で両方のハサミが体長より長い。メスはやや透き通り、それほど長いハサミを持ってはいない。例年、梅雨時《つゆ》がテナガエビ釣りのシーズン。何本も竿を並べてこの釣りに夢中になる大人も少なくない。

「本所竪川や横川」につながる運河筋は、現在も埋め立てられずに残っている。川底に石がある場所なら、初夏から晩秋まで川底でうごめく姿を見ることができる。ハゼ釣りをしているとたまにミミズに食いついて釣れることがある。なかにはエビ捕り専門の網を仕掛けて捕る人が出てくるほど、テナガエビは現在も脈々と生きている。

今なら当然、空揚げにして塩を軽く振って食べる。しかし江戸前の庶民は、鍋で湯がいて食べていたようで、「ゆでたる所くれないのごとし」とある。茹《ゆ》でて真っ赤になったところに塩を振って口に入れる。さぞ美味だったに違いない。また「吸い物などにして興あり」とも書かれている。テナガエビのダシが出たのだろうか。まだ試したことがないので、この味わいは残念ながら不明である。

江戸前でフグがたくさん捕れたなんて……

『続砂子』には品川鰒《ふぐ》とあって、「しほさひといふ。大きさ四五寸と、又尺くらいも有。味《あじわ》ひ淡《あわし》」と記されている。これはショウサイフグといって、食用にできるフグのひとつ。釣り人は「小才」の文字を当てている。ここに書かれた四五寸、つまり15センチ前後の小さいものは、頭を落として皮を剝《む》き、三枚に下ろして鍋にするしかない。しかし尺、つまり30センチもあれば刺身や空揚げなど、フグのフルコースができる。

中央区人形町のフグ料理専門店・かねまんは創業が明治13年という。下関《しものせき》直送のトラフグがメインだが、夏場に限ってはこのショウサイフグを創業当時から使ってきたという。これを使った鍋物は「さい鍋」といって、江戸時代から食べられてきたという。友人に誘われ一度だけ食べに行ったが、煮こごりから揚げ物まで、うまくコースにアレンジされており、お値段もそれなりにリーズナブルだった。

しかし、ショウサイフグなら1万円前後の乗合船で多いときは50尾、１００尾と釣ってしまうわれわれフグ釣りマニアにしてみると、５人家族が腹いっぱい食える「自給自足」スタイルのほうが断然お得と感じてしまう。しかも品川沖でフグが捕れたとは、なんとうれしいことか。

私が40年も前にフグ釣りに狂った頃、専門の乗合船は神奈川県鶴見《つるみ》の新明丸《しんみトうまる》しかなかった。しかも笑えるのは、お客の9割がフグ料理屋のおやじさんたちだったことだ。フグをしこたま釣った日は「今日は5万円分ぐらい釣れたかな」「いやいやお宅の店なら10万円はかたいでしょう」などという会話が飛び交っていた。「トラだってショウサイだって、どうせお客さんにはわかりゃしねえよ」なんて乱暴な話までが耳に入ってきた。

船宿に着くとオヤジさんが出刃を持って待っていて、自分でさばけない釣り人が釣ったフグを「磨いて」くれる。頭を落としてから皮を剝《は》ぎ、水洗いして毒のない身だけを持ち帰るようにしてくれるわけだ。私はまだ20代の若僧だったが、持ち帰ってすべて自分でさばいていた。フグの何がうまいかといって、頭でしっかりダシを取って煮込んだうどんが最高！　鍋の締《し》めが雑炊というのは常識だから、これがまずかろうはずがない。それに白子《しらこ》。これも無毒で素晴らしい味だ。塩焼きにしてよし、てんぷらにしてよし、吸い物にしてよしである。身は空揚げも抜群にいける。

それにしても品川沖がフグの名所だったとは、私も知らなかった。江戸時代にはフグを詠《よ》んだ川柳がたくさん残されている。いずれも中《あた》って死ぬのを恐れたものが多い。しかし関東近県でフグの中毒死はこの20年ほどないはずだ。少し調べてみたが、フグの毒に中《あた》って最後に死んだのは、なんと私にフグ釣りを教えてくれた師匠だった。家族で鍋を囲み、ご自分だけ肝《きも》を食べて亡くなったとテレビのニュースで知った。

フグの肝はロシアンルーレットのようなもの。じつは無毒のものが大半だが、稀《まれ》に猛毒のテトロドトキシンを含んだヤツがいるから怖い。以後、私は肝を食うのだけはやめた。

もう時効なので江戸前フグにまつわるお話をもう一席。ニュースソースは秘密、小耳にはさんだ話である。

「でも戦後、なんていったって一番儲かったのはフグ屋さんでしょ。昔の江戸前はフグが山ほど捕れたんだよ。そう、知ってるんかい。昭和30年代半ばでよ、木のトロ箱一杯がたったの500円だよ。信じられねえだろ。それをいったいいくらで客に売ったんだか。ショウサイフグの水揚げはすごかったねえ。刺身にしたり、鍋にしたり、揚げたりで、いい値段とってたんだろ。そういえばフグ屋は少なくなっちまったね。昔は日本橋から浅草にかけては何軒もあったもんだけど……」という話である。

「深川鰻と池之端鰻」って、いったいなんだったの？

江戸名産で江戸前の代名詞とされた深川のウナギに関する記述は『続砂子』に「大きなるは稀也。中小の内小多し。甚だ好味也」とあり、池之端鰻は「不忍の池にてとるにあらず、千住・尾久の辺よりもて来るよし、すぐれて大きく佳味也」とある。前章のウナギの蒲焼きで書いたように、「池之端鰻」とは「江戸後ろ」もしくは「旅鰻」と呼ばれたものである。『続砂子』にはまた、日向《ひゅうが》（宮崎県）で捕れる大ウナギは別種であること。ウナギは滋養《じよう》強壮《きょうそう》、夏痩せ、子どもの鳥目などに効能があることが書かれている。

さて、江戸前ウナギの末裔やいかに、という話に移ろう。また「東京都島しょ農林水産総合センター」の小泉氏が、2006年だったと思うが、興奮して電話をかけてきた。「お台場で大ウナギを捕まえましたよ。まだいるんですね。写真を送りますから見てください」と言った上でメールに添付してきた写真を見て驚いた。それは見事なウナギだった。このあたり一帯は、黒船襲来に備えてお台場を造った際、大量の捨て石を入れた。そこがウナギにとって格好の住みかになり、かつてはウナギ筒が周辺にぐるりと仕掛けられたものである。

それにしても、遠く南のマリアナ海峡の深海まで長旅をして産卵するウナギが、なぜふたたび生まれ故郷に帰ってくることができるのだろうか。サケの母川回帰はさまざまな研究がなされ、川の臭《にお》いがDNAに組み込まれているなどと諸説があった。しかし魚たちが、生まれた元の川や海に戻る例はいくらでもある。江戸前名産だったマコガレイが、今も埋め立てられた運河に戻ってきて産卵する。

ウナギを含め魚類の回帰現象は、脳に組み込まれた磁場の感知による、という説が通説になりつつある。しかしたとえ研究の結果、磁場の感知だと分かっても、産卵場へ向かう長旅から孵化し黒潮《くろしお》に乗って、生まれた河川や海を探し出して定着し、成長を遂げる壮大なドラマは、言葉にはできない感動を人に与えてくれる。

忘れられないシバエビのかき揚げ

「芝海老　芝浦の名産也。車海老よりちいさく、全身やはらかにして甘美也。秋のすへより初冬に至りさかんなり」と『続砂子』に書かれている。現在の芝浦埠頭は立入り禁止で、「ここがかつてのシバエビの産地だったのか」と、ゆったり眺める場所さえなくなってしまった。それと同時に、命名の由来を知らない人が大半であろう。

私はたまに、生きたシバエビを使ってタイ釣りを楽しむ。サルエビという小型のエビが手に入らないときの代用品である。タイの食いが悪かったり、頭だけをベラなどにかじられてしまうと、殻《から》をむいて身を口にする。ほのかに甘みを感じるが、やはりクルマエビのほうが甘みは強い。

私が初めてシバエビを食べたのは中学生時代。姉の友人の父親が浦安から仕立ててくれたてんぷら船に乗ったとき、船頭がかき揚げを作って出してくれた。これがとてもうまく、忘れられない味になった。だがそれがシバエビという名とは知らなかった。家に帰ってもしばらくは「あのエビのかき揚げが食べたい」と騒いでいたら、母親に魚屋に連れていかれた。いつもは「ご用聞き」に来てくれたから、店に出向いたことはほとんどなかった。店先に並んだエビの中からあのエビを見つけた。魚屋の姉ちゃんが「ああ、シバエビね。それじゃ殻をむいて後で届けておくね。ボク、これが食べたかったんだ」と笑って言った。粗く切った長ネギとシバエビを混ぜたかき揚げは、家で食べてもうまかった。

やっぱり名物だった深川産のカキ

『続砂子』の記述はなんとも素《そ》っ気《け》ない。「深川蠣《かき》　深川沖にて取る。名産也」としか書かれていない。江戸前名産で、これほど今も生き残っているものは、おそらくカキのほかにないだろう。それほど現在も各地に江戸前のカキは生き続けている。ただ見落としてならないのは、「深川沖にて取る」という部分。天然のカキ礁《しょう》がいくつもあったと聞いている。ただ「カキ鋏《ばさみ》」でくじって拾ってきて売るだけ。そんな楽な商売があったのだ。

じつは現在でも、江戸川河口から行徳沖にかけて、巨大なカキ礁がいくつも点在している。この漁業権をめぐって諍《いさか》いも起きているそうだ。

脈々と生き続ける江戸前のカキ。冬は身がたっぷり入っている

フジテレビが移転していっそう人気の高まったお台場公園。ここの岩にもカキが無数に付いている。孫とお台場で遊んでいたら、岩場にカニを捕りに行ってカキの殻で足を切ってしまった。私が幼い頃に教わったように「海の水で洗っておけば治るよ」と言いながら「君が足を切ったこれ、なんだか知ってるか？」と聞くと、首を横に振る。「これ、君が大好きなカキフライにするカキが中に入っているんだよ」「ええっ、ほんと？」と驚くので、小石で殻を割ってみると白い大きな身が出てきた。「ジジ、これ食べられる？」と聞くので、私がひとつ食べてみせた。やっぱり磯の香りがした。

江戸川河口のカキ礁のカキは、冬場、たき

火で焼いて食べるとじつにうまい。

江戸時代の人々は、このカキをどうやって食べたのだろうか。まずはカキ鍋だろう。寒い冬、体が芯《しん》から温まったに違いない。それにカキの炊き込みご飯だろうか。幕末にはてんぷらにしたとされるが、カキフライが登場するのはまだずっと先の話だ。湯がいてポン酢や酢味噌もありだったかもしれない。

菊岡沾凉の『続江戸砂子温故名跡志』を駆け足でご紹介してきた。この稿を書きながら、江戸名産、江戸前名産とされたほとんどのものが今も残っていることに私自身が改めて驚くと同時に、自然の再生力のすごさに驚いているしだいである。

どっこい生きているぞ、江戸前の海

平成17年に設置された「東京湾再生検討委員会」の食文化分科会で、水産庁が江戸前の定義を広く東京湾全体に広げようと目論《もくろ》んだことは前に書いた。本来の江戸前、つまり東京都内湾もしくは東京内湾では範囲が狭すぎる、という考え。また漁場としても狭いことなどを理由に挙げた上でのことだった。たしかにだれが見たってもう江戸前の面影なんかほとんどない。

では、本当に江戸前の海は死んでしまったのだろうか？

浅瀬が埋め立てられても、海が汚染されても、魚たちは健気《けなげ》に生きつづけている。ただその姿が見えないだけなのだ。だから江戸前の伝統漁法を今もなお引き継ぐ漁師もいる。釣り船もある。わずかな浜辺には貝類やカニだって無数にいる。

調査船に同乗し、甲殻類《こうかくるい》の多さにもびっくり

それをデータで示すことができる。旧都水産試験場が作製した資料（209ページ）をご覧ください。基本データから、比較的馴染みがあり、食用になる魚だけを抽出したものである。

これは、昭和40年代はじめから現在まで毎月東京都が行なっている江戸前に生きる魚種の調査結果である。①三枚洲　②15号埋立地沖　③多摩川河口　④羽田沖　⑤お台場。この5つを定点とし、各地点で開口部3メートルほどのプランクトンネットで海底を50メートルほど引く。その網に入った魚介類をすぐにホルマリンに漬けて持ち帰り、各個体数を調べるというものだ。毎回、調査地点の透明度、溶存酸素濃度なども同時に調べている。

この調査船に、何度か取材で同乗させていただいた。本来の目的が「魚類生息調査」だから、甲殻類や貝類は統計には載っていない。だが私が驚いたのは、甲殻類もまだたくさん生

息しているという事実である。アミの佃煮や塩辛の材料になるニホンイサザアミなどは、ひとりでは網が持ち上がらないほど捕れた日もあった。これをちょっとつまんで食べたら、じつにうまかった。だが調査員から「捕獲数量に誤差が出てしまいます」と叱られてしまった。

「赤貝」の缶詰の裏に書かれた原材料表記に登場するサルボウ（アカガイのそっくりさん）は、かなりの個体が確認できた。

うれしかったのはガザミ、つまりワタリガニが、まだ生息していることがわかったときだ。かつては江戸前名物のひとつで、大田区の大森にはワタリガニを専門に食べさせる店がかなりあった。亡くなった母は、祖父に連れられてよく食べに行ったそうである。だから老いてもカニの食べ方は見事だった。甲羅《こうら》を外《はず》してガニと呼ばれるエラを除き、ミソを美味しそうにすする。ふたつに割って足の付け根にたっぷり詰まった身をしゃぶり、足の身も器用にかき出す。今も夏の一時期、品川漁師はワタリガニ漁をするというが、出荷できるほどではなく、ご近所に配る程度だという。

もうかなり以前の話だが、江戸前のワタリガニ漁に同船させてもらったことがある。本格的に浮き刺し網を使うが、私がやらせてもらったのは、船で追いかけ、網ですくうという原

東京都内湾調査点全域での出現魚種と確認された稚魚・仔魚の個体数（抜粋）

		1998年	1999年	2000年	2001年	2002年
エイ目	アカエイ	1		1	2	2
ニシン目	ウルメイワシ	6	5	9	1	1
	サッパ	8	366	301	372	219
	マイワシ	22				
	コノシロ		6	182	109	18
	カタクチイワシ	917	1493	3183	661	3878
ウナギ目	マアナゴ	17	11	3		6
サケ目	アユ					
	イシカワシラウオ			3		
	ヨウジウオ	4	2	1	2	2
	サンゴダツ			1		
スズキ目	スズキ	5	8	188	366	7
	ヒラスズキ		41	12		2
	シロギス		2			
	ヒイラギ			6	7	19
	シログチ	4	35	42	35	142
	ヨシノボリ			4	7	26
	マハゼ	7420	22095	6655	19362	19365
	イソギンポ	155		488	891	1771
	ギンポ	20	35	35	35	9
ツバウオ目	ネズミゴチ		398	334	102	18
	ヌメリゴチ			202	1	
カサゴ目	メバル	7	2	67	9	10
	ムラソイ				2	2
	クロソイ	4				
	コチ	1	8	6	1	2
	ワニゴチ			2		
	アイナメ					
カレイ目	マコガレイ	32	10	136	36	23
	イシガレイ					2
	アカシタビラメ					1
フグ目	クサフグ				2	

旧都水産試験場作製資料より

詳しくは210ページ参照

始的な漁だった。サーチライトで海面を照らす。浮いているワタリガニにライトが当たると、暗い海に目だけがピカッと光る。すると全速で追って玉網ですくう。「週末に捕るだけで俺の月給より多い稼ぎになるからやめられないよ」と言っていた。

最近の調査では、色鮮やかなタイワンガザミなど外来種も網に入り、心配になった。一方、クルマエビやシバエビの赤ちゃんも網に入ってきた。不漁が続き禁漁になっているシャコもわずかながら見ることができた。江戸前はまだまだ健在なのである。

定点観測というのは、緯度経度《いどけいど》をぴったり合わせ、水深10メートル前後の深さを引いていく。もっと浅い場所を引けばさらに稚魚や小さな甲殻類も捕れるに違いない。

それにしても毎回、網を揚げる作業でこんなにわくわくした記憶は近年にない経験だった。だが、研究員にとってはそれからが地獄だったと、後で知ることになる。

魚類の棲息数を数えるのは、あぜんとして気が遠くなるような手法

竹芝桟橋《たけしばさんばし》のすぐ近くにある「東京都島しょ農林水産総合センター」を訪れると、小泉さんが研究室に案内してくれる。そこで見せてもらったのは、ホルマリンに漬けられた数々のサンプルとその調査方法だ。前掲の表のうち、「マハゼ」の欄をご覧いただきたい。何万とい

う尾数が記入されている。このサンプルは、ハゼ釣りで手にする大きさではない。孵化したばかりか、ようやく数ミリに育ったハゼの稚魚の数である。これを５ミリ四方のマス目を切ったプレートに並べ、いっぱいになったらまた次のサンプルを並べるという、きわめて原始的な手法でカウントする。精密にカウントするには、これ以外に方法はないという。

問題は、もっと小さな仔魚だ。アナゴの幼生などは、透明で平ったい。また、あまり小さいと、見た目でなんの仔魚であるか判別ができない。顕微鏡でのぞいてヒレの数などから魚種を割り出すのだ。私のように気が短い者には、とうていできる作業ではない。

しかしこうした地道な作業の継続が、江戸前の海における魚類の消長を的確な数値としてとらえ、問題提起の基礎になっている。だがこうした機関が独立行政法人化され、不採算部門は切り捨てられていく。東京都のこのセンターにしても、金町《かなまち》分場が閉鎖され、奥多摩分場も閉鎖に追い込まれてしまった。つまり内陸河川を調査研究する拠点がなくなってしまったわけである。

本書に載せた一覧表に２００２年以降のデータがないのは、人件費が削減され、魚種や個体数を数えるアルバイトが雇えなくなったためのようだ。水産大学などの学生さんには興味のある仕事で、応募もかなりあったようだ。いつか内湾調査そのものが廃止にならないことを願わずにはいられない。

耳慣れない魚たちのプロフィール

データ表で、江戸前での生息が確認されている魚ではあるが、魚売り場にはめったに並ばない魚も少なくない。そんな魚の特徴と味や食べ方などを簡単にご紹介していこう。

○サッパ　岡山県名物「ママカリ」の主材料になるのがこの魚。内房にはサッパを巻き網で捕る漁師もいる、隠れた人気魚だ。

○ヒラスズキ　房総《ぼうそう》半島が北限とされるスズキの仲間。尾ビレの付け根がスズキより太く、多くは荒磯に棲《す》んでいる。生きた魚だけを追って生きるどう猛さを持っているから、ルアーフィッシングの対象魚として人気がある。棲息数は少ないが、味は絶品。刺身にするとスズキより身が締まり、甘みも強い。

○シログチ　東京湾では古くからイシモチの名で親しまれている魚。淡泊な身で塩焼きや煮付けが一般的な料理法だ。だが、少し皮に臭いがある。そこでまず皮を引き、みじん切りしたネギや味噌と合わせてたたきにすると、アジのたたきとは違った味が楽しめる。

○ヨシノボリ　佃煮の項で説明したが、それ以外には食べようがない小型のハゼ。

○ギンポ　江戸前のてんぷらには欠かせないとされてきた魚。顔はグロテスクで扁平《へんぺい》。しかも平たく長い魚だけに、素人にはさばきにくい。現在は瀬戸内産が多いが「せっかく仕入れてもお客さんが知らないんでほとんど注文する人がいないんでね」と、てんぷら職人を嘆かせる魚だ。江戸前に面した海の石積などをのぞき込むと、クネクネと泳ぐ姿を見ることができる。その数は往年《おうねん》を思わせるほどに増えている。

○ネズミゴチ　これは「メゴチ」の名で、ギンポ同様に江戸前てんぷらには欠かせない魚のひとつ。ヌメヌメしてつかみにくいが、シロギス釣りをしているとよく釣れる魚。関西ではガッチョと呼ばれ捨てられる魚だが、江戸前のてんぷらには欠かせない。意外に美味しいのが刺身。皮を剝いてから中骨を切って落とし、松葉の形にして食べる。コリコリした食感がなんともいえない。

○ムラソイ　カサゴによく似た魚だが、やや黒味を帯び、赤色系統のだんだら模様が特徴。江戸前の漁師に「モヨ」と呼ばれていた魚が、どうもこのムラソイらしい。モヨは漢字で「藻魚」と書く。子どもの頃、冬場のカレイ釣りでマコガレイに交じってよく釣れた魚。船頭から「ウチに持って帰ったら、かあちゃんに煮てもらいな」と言われた。煮付け、空揚げのほか、大きなものは刺身もうまい。

○コチ　通称マゴチ。これは鮨屋でも扱うことがある。「照りゴチ」の名があるように夏が旬とされる。しかし私はほぼ周年、うまい魚だと信じている。ただ50センチを超すような大型になると、骨が硬《かた》く、頭を切り落とすのにひと苦労する。刺身がおすすめだが、アラで作った潮汁《うしおじる》が抜群にいける。何度もアクを取り除く手間はあるが、表面に透き通ったきれいな脂が浮く。日本酒を少々と上等の塩だけで味をつけるが、絶品である。

最近の流行は炙《あぶ》り。ウロコをていねいに取り除き、三枚に下ろして小骨を抜く。皮を上にしてバーナーの強火で表面に焦げ目がつくまで炙り、冷水に入れて粗熱《あらねつ》を取る。これで水気をぬぐって切れば、皮のうま味も逃がさない。フッ素樹脂加工のフライパンで皮を焼いてもできる。この場合は、冷蔵庫で1時間ほど冷やし、皮と身の間のゼラチン質が固まるまで待ってから切ると、うまくいく。

○ワニゴチ　マゴチに姿形はそっくりだが、表面にうっすら横縞模様が入っている。マゴチに比べると身に締まりがなく、うま味に欠ける。

○マコガレイ　江戸前を代表する魚のひとつ。煮付けが一般的な料理法だが、バターでソティーしてもうまい。小さなものは生干しにしてこんがりと焼いて食べる。大型はヒラメのように五枚に下ろして刺身になる。有名な大分県「日出《ひじ》の城下《しろした》ガレイ」は、このマコガレイである。

○イシガレイ　背に筋状の硬い石があるのですぐに見分けがつく。臭いといって嫌う人もいるが、大型イシガレイの刺身はうまい。卵を取り出して甘辛く煮付けると、じつにいい。空揚げにして甘酢あんをかけるのもおすすめ。

鮨やてんぷらに欠かせない江戸前のアナゴ

ここでいうアナゴとは、マアナゴのことである。江戸前にぎり鮨が誕生したときから、甘辛く煮て鮨の種に使われてきた魚である。この煮方には、それぞれの店によってかなりのこだわりがある。私は、アナゴがうまい店なら、何を頼んでもうまいすしを握ってくれると信じているほど、こいつが好きだ。ひととおり食べ終えて、最後に頼む一貫がこのアナゴというほどの愛好者だ。

初夏、アナゴ釣りに出て大漁だったときは、ふたつに切って甘辛く煮て、アナゴ丼をよく作ったものだ。うちの子どもたちはウナギが苦手だったが、アナゴ丼は大好物だった。船で釣ったアナゴは中乗《なかの》りさんが見事な早業で割いてくれる。このとき下ろした中骨や頭ももらって帰ることにしていた。中骨は低温の油でじっくり揚げて骨せんべいにする。頭は軽く炙ってから煮汁のダシに使った。白焼《しらや》きはもちろん、てんぷらにしても、天丼にしても、素人料理でも江戸前アナゴなら失敗することなくうまく食べることができるはずだ。

江戸前アナゴのうまさの秘密を専門家に聞いてみた。インターネットで直販もしている子《こ》安浜《やすはま》水産の鈴木晋社長が次のようなメールをわざわざ送ってくださった。

「私の分かる範囲でお答えさせていただきます。東京湾には、約60の川の水が流れ込んでいます。この養分を含んだ川の水によって、海藻《かいそう》やプランクトンが大量に発生します。これを餌とする小魚、貝類、虫類（ゴカイ）が増え、これを成魚が捕食する。魚にとって東京湾は餌の豊富な海といえるのではないでしょうか。江戸前アナゴについては、初夏から盛夏に一番脂が乗り、脂質が20パーセントくらいになるアナゴもいます。これは、養殖のウナギ（脂質20～25パーセント）と同じくらいです。天然の魚でこれだけの脂質を持っていれば、煮ても焼いても旨いというものです。

ふつうの穴子は腹が白くなっていますが、この時期の東京湾の脂が乗った穴子は腹がうす黄色になってきます（長崎県対馬《つしま》でも腹がうす黄色になった脂が乗った穴子を「黄金穴子」として販売しています）。相模《さがみ》湾のアナゴですが、相模湾にも相模川などの川の水が流れ込んでいます。この養分を含んだ川の水によって、海藻やプランクトンが発生しますが、外洋の影響を受けて拡散してしまうために餌が少なくなってしまうのではないでしょうか。相模湾のアナゴは一年中脂がありません。

藤井様は、脂のない塩鮭と脂のある塩鮭を焼いて食べ比べたことがありますか？　脂のない塩鮭は、焼きたてはまだいいのですが、冷めると硬くなり食べるとボソボソします。脂のある塩鮭は、冷めても硬くならず美味しくいただけます。穴子も同じです」

なんともわかりやすい解説である。

じつは江戸前アナゴがどうしても食べたくなって申し込んだら、品切れで入手できなかった。そこで問い合わせのメールを入れたら、かくも明快なうまさの秘密を書いて送ってくださった。ありがたく拝読し、本書に掲載させていただいたしだいである。鮨屋さんがアナゴの産地にこだわるのは、この脂の乗りと皮の軟らかさにあるようだ。

築地市場で現在も扱っている江戸前の魚介類は、こんなにある

美家古鮨本店6代目の加藤章太さんに、築地市場の何軒かの仕入れ先で扱っている江戸前産の魚介調査をお願いした。なんとも横着な調査の依頼だったが、二つ返事で引き受けてく

ださった。数軒からの回答で、一部は千葉県金谷沖あたりの産まで含むが、以下のとおりである。

マアジ、マダイ、コハダ、カワハギ、ウマヅラハギ、スズキ、マコガレイ、クロダイ、ヒラメ、イナダ、ワラサ、ヤリイカ、アオリイカ、スミイカ、サバ、シロギス、サヨリ、ボラ、ハゼ、イワシ、タチウオ、イシモチ（シログチ）、エボダイ、ナマコ、シャコ、トリガイ、アオヤギ（バカガイ）、アサリ、本ミル貝、白ミル貝。

一覧表には、佐島《さじま》のマダコが載っていた。たしかに昔から佐島で捕れるマダコ、イセエビ、アワビやサザエは江戸前の鮨に使われてきた。だが今回は漁場が違うので残念ながら割愛させていただいた。

また、この店は鮨種を専門に扱う業者さんだから、これ以外にも江戸前料理のてんぷらの種として、クルマエビ、シバエビ、ヌメリゴチなどが加わることになる。

そうそう、乾しノリが抜けている。千葉県では木更津から富津南沖まで、初冬になると一面にスサビノリを養殖する網が張られる。川崎から海底トンネルに入り、東京湾を横断するアクアラインに乗ると、「海ほたる」の少し手前で高架橋に出る。脇見運転は危険だが、左右の海に張られたノリ養殖の網は壮観である。

これらの魚介がいつも築地市場にあるわけではない。それぞれの魚や貝に漁期や旬がある。それが楽しめるのも江戸前の素晴らしさでもある。

またそれぞれの魚を捕る専門の漁師がそれぞれの港にいる。しかしどの港も、組合員（漁師）の高齢化と後継者不足、魚価の低迷に苦しんでいることも事実である。江戸前漁師の平均年齢は65歳を超えている。若い人で漁業に興味を示す人もいるが、「板子一枚下は地獄」の世界と、早朝からの操業や時化《しけ》、不安定な収入などがネックになって、後継者が育たないという厳しい現状がある。また漁師が高齢化し引退することで水揚げが減り、漁業組合の維持ができなくなり、合併や統合も進んでいる。それでもなお採算割れで苦慮している。

築地場内市場の種物《たねもの》屋、大女将《おおおかみ》の愚痴《ぐち》

冬晴れのある日、築地場内市場を散歩し終わっての帰り道、バスの停留所に座っていると、隣に座った姉《あね》さん（下町では年齢不詳の女性はこう呼ぶのが無難）が話しかけてきた。

「兄さんは河岸《かし》の仕事してるんかい？」

「いや、そうじゃないけど、どんな魚が並んでいるのか見るのが好きでね」

「おやそうかい。あたしゃ今年で84歳になるんで、店はとっくに息子たちに任しちまったけ

ど、種物屋《たねものや》の仲卸《なかおろし》やってたんだよ。分かるかい？　種物って」

「あの鮨やてんぷらの種かい？」

「そうだよ。コハダとかアナゴやマキ（サイマキ＝小型のクルマエビ）にシバエビ、イカだろ。なんでも売ってたけど、ほとんど江戸前物しか扱わなかったね。戦後の一時期は、そりゃいい商売ができたモンだよ。なにしろ金で漁師の横っ面ひっぱたいて安く仕入れてさ、それをこっちの言い値で鮨屋に買わせるんだから儲かったよ」

「江戸前でそんないい商売してたんだ」

「そうだよ。男衆はみんな戦争に駆り出されて内地にいなかったから漁師が少なくてさ、江戸前にゃ魚が増えちゃって捕り放題だったんだよ。コハダなんかすぐに傷《いた》んじゃうからそんなに（漁師に）持ってこられたって売れないだろ。そうすんと『タダでもいいから引き取ってくれ』ってそう言うんだよ。いくらなんでもタダってわけにはいかないだろ。だから少しはお足《あし》（金）を払って引き取って、冷凍しちまうのさ。そんで品薄のときに出すと、これが飛ぶように売れちまうんだよ。なにしろ江戸前の鮨でコハダがなきゃ始まんないよ。アナゴなんか生きたまま右から左へ流せばそれだけで金になるんだから、笑いが止まんないだろ。そんでも売り場に立つ女衆は少なかったね。今だって河岸の帳場には女の人がいるけど、表に立っている女衆は少ないだろう。やっぱり河岸は男の仕事場だよ。そこでわたしゃ女手ひとつでがんばってきたんだから、ちょっとぐらいじゃへこたれなかったね」

「いい時代だったんだね、姉さんが河岸に立ってた頃は」

「今も週に2回は顔を出すんだけど、昔みたいな商売のうま味はなくなっちまったようだねえ。第一、前みたいにシナモン（品物）が売れないんだから困っちまうよね。不景気なんだね。鮨屋さんもてんぷら屋さんも暇な店が多いみたいだよ。そんでもしっかりいい客がついてる店は儲かっているみたいだけどね」

そんな話をしているうちにバスが来た。手を振って別れたが、いいばあさまと出会ったもんである。日清、日露、太平洋戦争と、それぞれの戦後は江戸前の漁獲高が上がったという話は何度か聞いた。しかし見ず知らずの「種物屋」の大女将だった人から、こんな話を聞けるなんて思ってもみなかった。鮨も上物《じょうもの》の種を安く仕入れて高く売れる時代があったという。だからちょっと遊び心が顔をのぞかせると、飲む、打つ、買うの世界にはまり込んで大変なことになったという話も耳にした。

数年前、拙著を読んだという方から電話をいただいた。先に紹介した、サルボウというアカガイにそっくりな貝を打瀬船《うたせぶね》で引いて捕《と》っていた方だ。かつて江戸前漁師だったというその方にお目にかかったときも、これに類する話を聞かせてくれた。戦後から漁業権放棄までの話である。

「今でも赤貝の缶詰の材料がサルボウなのは知っているでしょ。なにしろ捕れすぎてさ、地元だけじゃ貝をむききれないんで、浦安や行徳まで運んでむいてもらったこともあったんですよ。それにしても売れたねえ、戦後の物がない時期は。捕っても捕ってもかたっぱしから売れて、儲かったねえ。でもケタ網（底引き）を引き上げるのは重労働だったですよ。ウチがそれでも人手集めに苦労しなかったのは、今だから話せるけど、浮浪児や戦災孤児をみんな集めたからなんですよ。なにしろ寝る場所と食い物だけ用意してやれば、タダで働いてくれる子が下町じゃいくらでもいたんだから。そりゃ儲かりましたよ。そのケタ網は、今でもひとつだけ記念にとってありますよ。それからね、漁業権を放棄する少し前は、組合員になるのがむずかしかったね。ウチでも長男だけしか入れなかったよ。次男や三男も漁を手伝っていたけど、組合には入れなかった。だって組合ごとに補償金が出んのがわかってたんだから、人が増えればひとりあたりの分け前が減るだろ。だから入れねえのさ」ということだった。

のどかで優雅。北斎や広重の浮世絵にも描かれた江戸前の打瀬船だが、その裏では一代で財を成した豪儀《ごうぎ》な話もあれば、厳しい労働条件で働く人たちの苦労もあったわけである。

こうした江戸前の裏面史は、思わぬところから聞かされるものである。


東京都内湾の漁業権放棄の裏にあったものとは

世界一豊かだった江戸前での漁業権は、昭和37年12月に漁業権放棄とそれに対する金銭補償という形で幕を閉じる。当時の東 龍太郎《あずまりゅうたろう》東京都知事と漁民代表が調印をしたその日、知事室で秘書らが小躍りして喜んだという逸話《いつわ》が江戸前漁師の間では語り継がれている。３３０億円もの補償金を支払うのだからかなりの財政負担に思えるのだが……。

「なんで喜んだか知ってんかい。『これで江戸前の海を好き勝手に埋め立てられる』ってことさ。最初から都心の平地《ひらち》を買って港造ったりゴミ捨て場造るってんじゃ、金がいくらあっても足りゃしねえだろ。それがほんのちょっと補償金を払っただけで、あとは埋めれば追加の補償金も払わずにいくらでも土地が広がっていくんだからたまんねえよ。その頃はよ、海は公害で汚染されて汚れちまっててよ、漁獲も減って漁師は参ってたかんね。渡りに船でありがたく補償金もらって漁業権放棄しちまったんだよな。でも今になってみればよ、おめえさんも知っているように江戸前にゃあ魚がたくさんいるだろう。こんで埋立ての護岸を垂直にしねえでよ、せめて傾斜つけたり浅瀬を造ってやりゃまだまだ江戸前の海は捨てたもんじゃねえんだよ。それを知られるのが嫌みてえだよ、役人たちは」

今も釣り船を出す船宿の親方の悲痛な叫びには、黙ってうなずくしかなかった。江戸前の海が今も豊饒《ほうじょう》であることを知っており、その漁場を失った人の言葉には重みがある。

この本でご紹介した、都内湾の魚類生息調査もいつまで続けることができるかは定かではない。しかし情熱を持って定点観測にあたり、自腹を切ってでも浅瀬にアマモを植え、その効果をチェックしている人がいることを忘れてはいけない。

また、法的な制限のない自由漁業の範囲で漁業を続けている漁師もいる。千葉県や神奈川県の漁師は、東京都内湾を漁場にしたいという意向を持っているとも聞いた。だがこれだけは東京都水産課も許可しないようだ。大規模な網で根こそぎ魚介を捕られてしまったら、江戸前の漁業資源はあっという間《ま》に枯渇《こかつ》してしまうからだ。

江戸前をめぐる攻防はまだまだ続いていくに違いない。この海の幸を守っていくためにも、読者ご自身で江戸前の魚のうまさを味わっていただきたいと切望している。

第5章　江戸前の魚介と上手に付き合う

江戸前の魚を手に入れるなら、まず築地市場へ行こう

江戸前の魚を食べるにはふたつの方法がある。

ひとつは多くの魚を扱っている市場や魚屋に出向き、産地表示を頼りに根気よく探してみること。もうひとつは江戸前の海に出て、自分で食べたい魚を釣ってくるという自給自足のスタイル。このいずれかである。

お手軽なのは、買って手に入れるスタイルだ。かつてはどの町にもあった、生きのいいピチピチした魚から干物《ひもの》までを扱っている魚屋さんに頼む、という方法である。東京近辺の魚屋さんなら当然、江戸前の魚介を何種類も仕入れて売っていた。だから「明日、シロギスとアナゴをお願いしますね」などと気軽に頼むことができたのだ。

それが今では大手スーパーマーケットなどの進出に押され、かなりの店が廃業を余儀なくされてしまった。魚を丸のまま買って自分でさばくという食習慣が薄れ、魚食文化が「切り身文化」に変貌《へんぼう》してしまったことも魚屋廃業の大きな理由とされている。米を主食とする家庭が減少してしまったことも、副食としての魚の需要の落ち込みに拍車をかけた。

最近、スーパーマーケットの鮮魚売り場にシロギスの開いたものが並んでいた。たまにはてんぷらにでもしようかと手に取って産地表示を見れば、なんとベトナム産。おまけに「解

凍」と書いてあったから、冷凍での輸入物だ。そっと元の位置に戻してしまった。

そんな苦労をするくらいなら、いっそのこと思い切って築地市場まで足を延ばしてみよう。肝心な話はここからで、迷わずに「場内市場」へ入ること。一般の買い物客でごった返す「場外市場」に江戸前産の魚介はほとんど見当たらない。場内市場はかつて、魚屋や料理屋など業者だけを相手にする売り場だった。だが小売店が激減してしまい、普通の買い物客でも中に入れるようになって久しい。場内市場の中に入れば威勢のよい売り声を聞くこともできるし、愛想よく小売りもしてくれるからなんの心配もない。なかには素人《しろうと》には露骨《ろこつ》に嫌な顔をする店もあるが、これはこれで仕方ないことと割り切ることだ。

場内では、みだりに魚に触って指で身を押して固さを確かめる、などということは厳禁だ。あくまでも基本は、「見た目で魚の良し悪しが判断できるプロの客相手」の商売だからだ。しかし安心していい。江戸前で捕れた魚には、経木《きようぎ》に「江戸前」と朱筆《しゆひつ》してある。

とはいっても手に入るのは、アナゴ、スズキ、バカ貝、アサリ、生ノリなどに限られることが多い。シロギスやコハダ、天然のクルマエビなど、鮨屋やてんぷら屋だけが商売相手の「種物」と呼ばれる魚介を主に扱う店では、上物《じようもの》はすでに注文で売り先が決まっており、残念ながら一見《いちげん》の一般客に手が出る品物は少ないのが実態だ。でも根気よく歩いてみれば、

「掘り出し物」に出会うこともあるのでじっくり時間をかけて探してみよう。

元祖深川丼を作るため、築地市場で買うバカ貝の選び方と料理法

比較的手に入りやすい江戸前のバカ貝を例に、良い品を選ぶコツを説明しよう。

築地市場で売っているバカ貝・アオヤギは、4つが1枚の板に乗っている。生で食べるならなるべく大ぶりで、色が濃く、高値が付いているほうがおすすめだ。同じ店でも半値近くで売っているバカ貝は、前日の売れ残りの可能性もある。貝は、腸内の汚れなどをきれいに取り除いて斧足を売っている。江戸前のほか、北海道産が並んでいることがあるので、ご注意いただこう。

食べ方だが、刺身はもちろん、ちょっと酢で洗って食べてもいい。さっと湯がいて酢味噌でネギと和《あ》えたヌタは私の大好物だ。内湾での名産地、富津《ふっつ》周辺に出向くと、てんぷらやフライで食べさせてくれる店がある。これがけっこういけるのに驚いた。それに美味しいのが、たたき。味噌やネギを加えて包丁で粗めにたたく。刺身とはまた違った風味で、家庭で簡単にできる料理法だ。

ところで、本書ではまだ「深川丼」や「深川飯」をご紹介していなかった。じつはこれが

文献に登場するのは明治時代になってからのこと。江戸時代にはなかったようだ。松原岩五郎《まつばらいわごろう》という「国民新聞」の記者が、当時の貧民層に潜入取材したルポルタージュ『最暗黒の東京』に「深川飯」として「車夫の食物」の項に次のように紹介されている。

深川飯――これはバカ（貝）のむきみに葱《ねぎ》を刻み入れて熟烹《にくたら》し、客来れば白飯《めし》を丼に盛りてその上へかけて出す即席料理なり。一椀同じく一銭五厘、尋常の人には磯臭さを匂いして食うに耐えざるが如しといえども、彼《か》の社会においては冬日尤《もつと》も簡易なる飲食店として大いに繁盛せり。

なんと元祖「深川飯」の素材は、このバカ貝だったのだ。これは丼のぶっかけ飯だから、いわば深川丼の元祖といってもいい。当時、町に大勢いた人力車の車夫という肉体労働者向けの廉価な食事だったわけだ。冬とはいえ保冷技術のなかった時代、格安だったバカ貝を大量に仕入れて作ったようである。新鮮なバカ貝は、ここに書かれているように「食うに耐えざる」ようなことはないので、ご安心を。

その後、大正時代から戦前まで素材をアサリのむき身に代え、豆腐と油揚げを加えて味噌で煮込んだものが「深川丼」として浅草で売られていたという。深川丼の起源は、深川漁師が忙しい朝飯時、アサリの味噌汁をご飯にかけて食べたのが最初だという説もある。

私の地元である深川に伝わる本来の「深川飯」とは、アサリの炊き込みご飯のこと。みじんに切ったニンジンや細切りにした油揚げ、むき身のアサリと酒と醬油で煮た汁に水を加えてご飯を炊く。蒸らすときに具材を入れ、炊き上がったら混ぜ合わせて盛り付ける。細かく切ったシラタキや笹がきゴボウを入れてもいい味に仕上がる。

スズキは1尾丸のまま買って調理法でアレンジを

次はスズキを例に取ってみる。築地場内市場で売っている魚に付いている価格表示は、あくまでもキロあたりの単価だ。見慣れてくると大きさでだいたい何キロぐらいかの判断がつくようになる。

しかし不安なときは「これで何キロぐらいある?」と素直に聞いてしまうほうが無難だ。たとえば相手が「3キロはねえんじゃねえかな」と言って秤《はかり》に載せて、3キロを超しても、「3キロ（の値段）でいいから持っていきな」とまけてくれることもある。

同じように見えるスズキが何尾も並んでおり、キロ単価が数百円も違うことがある。こんなときは、迷わずキロ単価が高値のほうを選んでほしい。脂の乗り具合などで単価に大きく違いが出てくる。どうせならうまいほうがよいわけだから、ちょっと割高でも我慢しよう。

築地場内での買い物法として、「11時過ぎの売れ残りを買うとお得」と紹介されることがある。たしかに安く買うためにはひとつの手法だ。しかし私は6時半から、遅くても7時には河岸《かし》を歩いて買い物をしている。競《せ》りが終わり、仕入れた魚介が場内の店頭に並ぶのがこの時間になるからだ。早い時間なら魚の種類も多いし、たくさんの魚の中から良い品物を選ぶことができる。目が透《す》き通り、体色に輝きがあり、ちょっと太っていればまず間違いない。まして江戸前の上物《じょうもの》は、店頭に並んですぐ売れてしまうことが多い。

江戸前で一番大きな魚がスズキだ。活《い》け締めにしたスズキは、頭の付け根に包丁を入れてある。これは切り身では売ってくれない。そこで思い切って1尾を買うと、料理にあれこれとアレンジの幅が出てくるからおもしろい。一度に食べきれないときは、味噌漬けや粕漬けにしてから冷凍にするという手もある。知人と半身ずつ分けるというのも賢い買い方だ。

新鮮なスズキは、刺身か洗《あら》いが定番料理とされる。だが洋風にソテーしてもいい。この場合は、皮ごと切って切り身にするようおすすめしたい。軽く塩とコショウを振ってしばらく置き、小麦粉を軽くまぶしてバターとサラダオイルで焼く。あらかじめニンニクをたたいて油に入れ、香りをつけてから焼くと風味が増す。

どんな魚でも、身と皮の間にうま味が凝縮している。だからソティーするときは、フライパンを少し斜めにし、熱い油を何度も皮目にかける。すると皮をパリパリに焼いて仕上げることができて、うま味を逃すことがない。

漁港近くにある小さな市場や魚屋も狙い目だ

築地市場だけではなく、漁港近くにある小さな魚市場や魚屋は意外な穴場だ。

地元の漁師が捕ったものだが、わざわざ築地市場に卸《おろ》すほど漁獲がないとき、地元の魚屋に直接卸すことも少なくない。たとえば江戸前のコウイカやアオリイカ、シャコ、天然のクルマエビなど、底引き網で捕れた余り物が格安な価格で手に入ることがある。また近くには、江戸前の種《たね》を使ったてんぷら屋や魚定食を食べさせてくれる店もある。そんなところを見つけて馴染みになると、「だんな、きょうは内湾のうまいアジが手に入ったよ」とか「いいタチウオだから刺身でどう?」などと、おすすめが食べられるようになる。

かつて内湾の小さな漁港近くで見つけた古びた食堂に入ったとき、「地のものでなんか珍しい魚はない?」と聞いてみたら、かなり高齢のおばあちゃんが「ウチのおかず用にカスベなら煮てあんけど食べてみるかい……」と口ごもって聞いてきた。「そんならそれちょうだい」と注文した。カスベとは、関東以北におけるアカエイの方言である。関東では下魚扱いされるが、この煮付けはじつにうまかった。しかも「ついで」に出てきたのが、なんとフジツボの味噌汁だった。

「ウチの前の堤防に着いてんのを捕ったもんだけんど、よかったらどうぞ」と、テーブルに置いてくれた。これも磯の香りがたまらなかった。たとえメニューになくても、ダメもとでこんなふうにオーダーしてみると、思いがけない江戸前の美味しい魚にありつけることもある。

何事にも遠慮は禁物。東京内湾沿いをぶらりと歩いてみると、グルメガイドやインターネットとは無縁な店がまだまだあるもの。たとえ暖簾《のれん》は古びていても、こぎれいな店を探すことが、江戸前のうまい魚に出会うコツだ。

その反面、ごく稀《まれ》にだが「入るんじゃなかった」と後悔する店もある。だまされるのは、観光地の近くにできたばかりの派手な門構えの店が多い。看板に書かれた大げさなキャッチコピーが目印だ。これにはくれぐれもご用心を。

まずは子どもたちと浜辺でアサリを掘ってみよう

江戸前に親しむために、まずは浜辺における遊びに触れておきたい。『江戸名所絵図』などに描かれているように、潮干狩りは江戸の昔から楽しまれていた遊びである。戦後もまだ浜辺が埋め立てられる前は、どこの浜でもアサリ、ハマグリ、シオフキなどが採れたものである。

現在でもフジテレビのあるお台場海浜公園などでアサリが掘れる。しかしこのほとんどが、稚貝《ちがい》を撒いて育てたもの。例年、4月頃から食べられるほどの大きさに育ったアサリが掘れるようになる。1、2時間も掘れば、夕食に味噌汁にして食べるくらいの量は十分に採れる。

江戸前の海は今も栄養が豊富だから、5月に入ると殻《から》の口が閉じないほど太ったアサリが採れる。砂浜を観察していると、コブシガニやイソガニなどやマテガイなどの貝類がいる。網目の小さい玉網で水際線《すいさいせん》の海水をすくうと、モエビなどが入っていることもある。ヒトデがいたりクラゲがいたりと、海辺の観察にはもってこいである。ただ近年、大きな鋤簾《じょれん》などを持ち込んで大量に持ち帰ってしまう、マナーの悪い人がいて問題になっている。

私の母は毎年、家の前から船を仕立てて潮干狩りに出かけるのが何よりも楽しみだったと話していた。江戸前の船宿は現在でもほんのわずかだが、潮干狩りの客を受け入れて船を出している船宿がある。船でしか行くことができない潮干狩り場がまだ残されているのだ。江戸前の潮干狩り場はどこも無料。千葉県に行けば、木更津《きさらづ》から富津《ふっつ》にかけては有料となるが、アサリやハマグリがどっさり掘れる潮干狩り場がある。潮の干満差が大きい大潮《おおしお》や中《なか》潮《しお》の日を選んで出かけてみよう。

内湾でアサリを専門に採る漁師の話では、他県産の稚貝を撒いたものではなく、まだ江戸前の固有種と思われるアサリが生息しているという。だがどこで掘れるのかは残念ながら教えてもらえなかった。事実なら貴重な資源である。

ただ近年、潮干狩り場に毒のあるアカクラゲや、尾ビレに毒針を持つアカエイが出没している。とくにアカエイは、知らずに踏んで刺されると激痛におそわれ病院送りになるからご注意願いたい。

ニホンイサザアミを玉網ですくってみよう

春になると湾奥にニホンイサザアミがどっと押し寄せてくることは、地元の方以外にはあまり知られていない。

海面がかすかに赤黒く濁るから、それと知ることができる。昆虫を捕るような目の細かい網で波打ち際をかき回せば、小さな甲殻類《こうかくるい》がピョンピョン跳ねる。これが江戸前で豊富だった動物性プランクトンの代表であるニホンイサザアミだ。

生で食べてよし、佃煮にしてよし、微塵に切ったタマネギと混ぜ、かき揚げにしてもいい。童心に帰ったつもりでぜひ浅瀬《あさせ》で遊んでいただきたい。ただしせいぜいドンブリに1杯分も捕ったら終わりにしてほしい。たくさん捕ってもすぐに傷《いた》んでしまうし、これをエサに生きている魚介がたくさんいるのだから。

千葉県の内海では今も簀《す》立て遊びが楽しめる

浅瀬にヨシ簀《ず》を張っておき、潮が引いてくると狭くなった部分に魚が取り残されるように仕組んだ「簀《す》立《だ》て」という遊びが、江戸時代から江戸前にあった。

もともとはクロダイやスズキなどを捕る漁法だった。それが浜辺での遊びに変わっていった。それほど安い遊びではないが、数十人で楽しむには最適な遊びの一つだ。潮の干満差が大きい大潮や中潮まわりが理想的だ。小潮《こしお》の日はシュノーケリングで遊ばせてくれるところもある。

簀立てに入るのはスズキ（フッコ）、マコガレイ、ダツ、ボラ、タチウオの子、ヒイラギ、アナゴ、ヒイカ、アオリイカなど。運が良いと天然のクルマエビやワタリガニなどが入っているこどもある。潮が引いて取り残された魚を、網元《あみもと》が貸してくれる玉網で隅に追い詰めてすくい取る。しかし相手も逃げ回るから、これがなかなかにおもしろい。昼になると、捕れた魚やあらかじめ用意された材料でてんぷらを揚げてくれる。余った魚はお土産《みやげ》にお持ち帰りももちろんできる。

現在、簀立てができるのは千葉県の一部の浜に限られている。こんなにたくさんの魚が、こんな浅場まで回遊してくるもんだと感心するほど入る日もあれば、がっかりするほど漁が少ない日もある。

江戸前の釣りを始める前の基礎知識と和竿の歴史

江戸前の魚を自前で調達する、つまり自分で釣って食べるという、きわめて原始的な魚の調達法のために考案された和竿についての話に触れておきたい。これは「わざお」と読む。

竹を正三角形に削って貼り合わせた「洋竿」がアメリカなどから輸入されるまでは、竿といえば竹を素材に加工されたものだけだった。１本の竿をそのまま使うのが「延べ竿」、何本かを組み合わせたものを「継《つ》ぎ竿」と呼んでいた。

和竿は、平成5年に通商産業大臣（当時）指定の伝統工芸品になった。つまり国指定の無形文化財である。和竿師と呼ばれる人たちは、それまで持ち運びがなんとも不便だった竹の長い竿を切り込んで、継ぎ竿に仕上げることに習熟した。しかも漆塗《うるしぬ》り、後には螺鈿《らでん》などで象嵌《ぞうがん》をほどこすものまで作られるようになった。見事なまでの細工をほどこされた竿もある。

こうした和竿の発祥だが、天保年間《てんぽう》（1830～1843年）に書かれたとされる『釣書ふきよせ』（著者不明・一説には喜多村節信）という本に、次のように書かれている。

「享和文化《きょうわぶんか》の頃、本所中の近辺に武兵衛と云ひし者、竿より作りしがそれを学びて利右衛門と云うもの又よく作り、継竿の風一ぺんしたり。（中略）末にいたるまで幾継なるも細きをよしとす。釣道具屋東作と云者、浅草寺前通に店を出し、専ら利右衛門風の竿を売りはやらかし、今は上手多く出来ぬ」とある。この3人が江戸和竿の開祖とされる人たちだ。江戸和竿の創始者は武兵衛という人で、利右衛門がそれに改良を加え、最後に書かれている東作は優れた継ぎ竿、つまり和竿を数多く扱い、商売として成功したということになる。

東作は後継者を輩出し、和竿の名門、「東作一門《とうさくいちもん》」を成した。現在は6代目となる松本三《まつもとさぶ》郎《ろう》氏が東作の銘を継いでいる。

初代東作は松本東作という名の武士であったが、その身分を捨て泰地屋三郎《たいぢやさぶろう》という材木問屋の娘と結婚した。しかも、趣味の道具屋から竿師へ転業したという異色の経歴の持ち主である。６代目泰地屋東作こと松本三郎さんを川口の工房に訪ねたことがある。そのとき、開業当初は下谷《したや》広徳寺の前に開いた店の屋号が泰地屋東作であったこと、明治45年に農商務省山林局が編纂した『木材の工芸的利用』という本を出し、「これは3代目東作からの聞き書きのようですが、どうもうちの創業は天明《てんめい》8年だったようですよ」などと話してくださった。

現在、東京や埼玉県などで江戸和竿作りの伝統を守る職人のほとんどが、この東作門下にあたり、なんらかの形で東作とつながりを持っている竿師が多い。

そこで時間のあるとき、ぜひ一度ご覧いただきたいのが「中川船番所資料館」にある和竿資料室だ。都営新宿線の東大島駅から歩いてほんの5分の場所にある。その2階が和竿の展示室になっていて、「江戸前の釣り」が生んだ数々の名工が残した銘竿を、間近に見ることができる。入場料はわずか２００円で、じっくりと眺めれば半日は過ごすことができる。

よく見ていただきたいのは、素材となっている竹とその節、そして塗りだ。竹の節のつまり具合や、対になった竿では2本の竿の節間。それは見事なまでに節がそろっているはずだ。それになんともしっとりした漆の仕上げ。私はどちらかといえば、塗りになんの細工もほどこしていない竿が好きだ。素材の良さをあますところなく表現する魅力に惹《ひ》かれている。

現在の竿はほとんどがカーボン素材かグラスファイバー製。丈夫だし、廉価である。こうした新しい素材の開発が、釣りを大衆化する上で果たした功績は大きい。しかし私が持っている祖父や父から形見にもらった竿などは、今も現役で使っている。そんなとき竹が持つ生命力の強さに改めて感銘をうける。

道具収集が趣味の方の中には、名工たちが作った竿を床の間の竿掛けに大事に飾って眺めて楽しんでいる方も少なくない。でも多くの竿師たちは「竿はぜひ使ってほしい」と願っている。「竿は実際に使ってみないと本当の良さはわからないんです。魚が食ったとき、ハリに掛かったとき、竿はその個性を存分に発揮するんです」と、口をそろえて語っている。

江戸前を代表する世界最小のタナゴ釣りと竿について

江戸時代の名物とされた「深川のウナギ」が捕れた小名木《おなぎ》川に交差する運河筋は、同じ江戸時代にタナゴ釣りのメッカとされた。江戸時代に作られた「釣り場案内図」にも掲載されている。もうこの運河でタナゴの魚影を見かけることはなくなってしまった。しかし昭和40年代までは、玉網でいくらでもすくえたものだ。

タナゴという魚は、体長がわずか2センチからせいぜい5センチ程度の小さな魚。これも江戸前を代表する釣り物だった。しかも小さなタナゴをたくさん釣るほど、腕が良いとされた。手のひらに１００尾乗るだけの小さなタナゴだけをそろえることができれば名人と称された。

深川の運河筋は木場《きば》に近い。上流の山で切り出された木材は筏《いかだ》に組んで「川並《かわなみ》」と呼ばれる筏師たちの手で深川の木場まで運ばれてきた。その材木は、川の中に井桁《いげた》に組んで保存された。三遊亭金馬師匠の『江戸前つり師』によれば、大名はこの筏の上に屏風を立て、腰《こし》元《もと》を侍《はべ》らせてタナゴ釣りを楽しんだと書かれている。ハリを結ぶには、糸の代わりに腰元の長い髪の毛を使ったそうだ。一説によると「未通の女（処女）でないとすぐに切れてしまった」そうである。まあ、こんな話を小学生の頃から大人たちに聞かされて育ったのだから、ませた子どもだったようである。

それはさておき、筏に乗ってタナゴを釣ることを「桟取《さんど》り釣り」といった。専用竿には「桟取竿」の名がついている。中川船番所資料館には、このタナゴ竿がかならず展示されている。たまに展示替えが行なわれるが、どれも一見にあたいする銘竿ばかりだ。

近年、このタナゴ釣りがまた静かなブームになっている。こんな小さな魚を釣るのに夢中になるのは日本人だけのようだが、じつに楽しいもの。今は釣った魚を逃がしているが、私が子どもの頃は、火鉢か練炭で丸のまま焼いて食べた。醤油に砂糖を溶かした砂糖醤油で熱々《あつあつ》を口に入れる。腸《わた》のほろ苦さがなんとも懐かしい味である。

江戸の風情《ふぜい》を満喫できる屋形船の隆盛

昭和37年（1962年）12月3日、東京都の漁民が漁業権を放棄する代償として、東京都が330億円の補償金を支払うことで合意書に調印した。そして同年12月24日、都内湾、つまり江戸前の漁業権が抹消された。江戸前の長い漁業史に終止符が打たれた日である。

しかし、「釣り」という漁法は「自由漁業」とされ、補償金の対象にならない代わりに、漁業権放棄後もだれでも自由に竿を出すことができた。漁師の多くは釣り船に転業したが、一部の漁師はアナゴ筒などわずかに残された自由漁業に生きる道を見いだしていくことになった。

河口部の堤防や小さな入り江で釣りを楽しむことを「陸《おか》っぱり」という。これに対する言葉は「沖釣り」や「船釣り」である。ところがややこしいことに「陸（岡）釣り」という言葉がある。広辞苑によれば、「①は陸から釣りをすること。おかっぱり」とあるが、同じ項の②で「それとなく待ち伏せをして人をつかまえること。とくに巷間芸人が客引きをする、もしくは男が女性を誘惑すること」と書かれている。

だから子どもの頃、父と釣りに出かけるときに知った顔に出会うと、「おや、きょうは岡づりですか？　だめですよだんな、若い子泣かしちゃ」などとよくからかわれたものだ。そんなこともあり、釣りの雑誌などでは「陸（岡）釣り」という言葉はまず使うことがない。

漁業から遊漁船に転業した江戸前漁師だが、埋立てがどんどん進み、釣り場がなくなったり、はるか遠くなってしまってからは、屋形船に転業もしくは兼業する船宿が多くなった。

245ページに掲げたグラフを見比べていただきたい。東京湾遊漁船協同組合の調査によれば、昭和61年には釣り船全体の中でわずか15・２パーセントにすぎなかった屋形船だが、平成19年にはなんと67パーセントに伸びている。東京湾奥で魚を釣るために船に乗る人はわずか33パーセントにまで減ってしまった。これが江戸前の実態を物語っているといえる。

江戸前漁師が持ち船をお客さんに貸したり、客を乗せて釣りをさせるようになったのは、幕末に近くなってからのことで、その歴史は意外に浅い。深川では老舗《しにせ》の「深川・冨士見」

でも、97歳で亡くなる少し前まで端正な姿で店に座って客を出迎えた先代の石嶋欣太郎《いしじまきんたろう》さんが、「なんだかご先祖が『株』ってえの買ってね、それでウチは船宿を始めたって先代から聞いてますよ。最初は櫓《ろ》や棹《さお》で漕《こ》ぐ貸し舟だけだったんだけど、お客さんに頼まれるうちにだんだん船頭が櫓を練ってお客さんを乗せて出るようになったようですよ」と、語っていた。「朝早く、舟の支度《したく》をしてるってえとね、この先がすぐ洲崎遊郭《すさきゆうかく》につながる土手でね、朝帰りの客がとぼとぼ歩いていたもんですよ」と、昔を懐かしんでいたのが思い出される。

「冨士見」でも現在は、売上の多くをこの屋形船が占めている。桜の時期や隅田川の川開き・花火大会などは、前の年でも予約が取りにくいほど申込みが殺到するようだ。どちらも江戸情緒を楽しむには、絶好の機会である。

屋形船は、ある意味で江戸回帰現象かもしれない。船宿ごとに料理に工夫を凝《こ》らしたり、乗合船システムもありと、バラエティー豊富になっている。あれこれ比較してみるのも楽しいものだ。

最後に、江戸前の魚を自分で釣って食べるという簡単で楽しい手法をお教えしよう。インターネットの検索サイトに、本書で揚げたお好みの魚名（たとえばアジ、シロギスなど）をまず入力する。つぎに「船宿」および「東京、横浜、船橋」などお近くの市を入力すれば、

[昭和60年度]

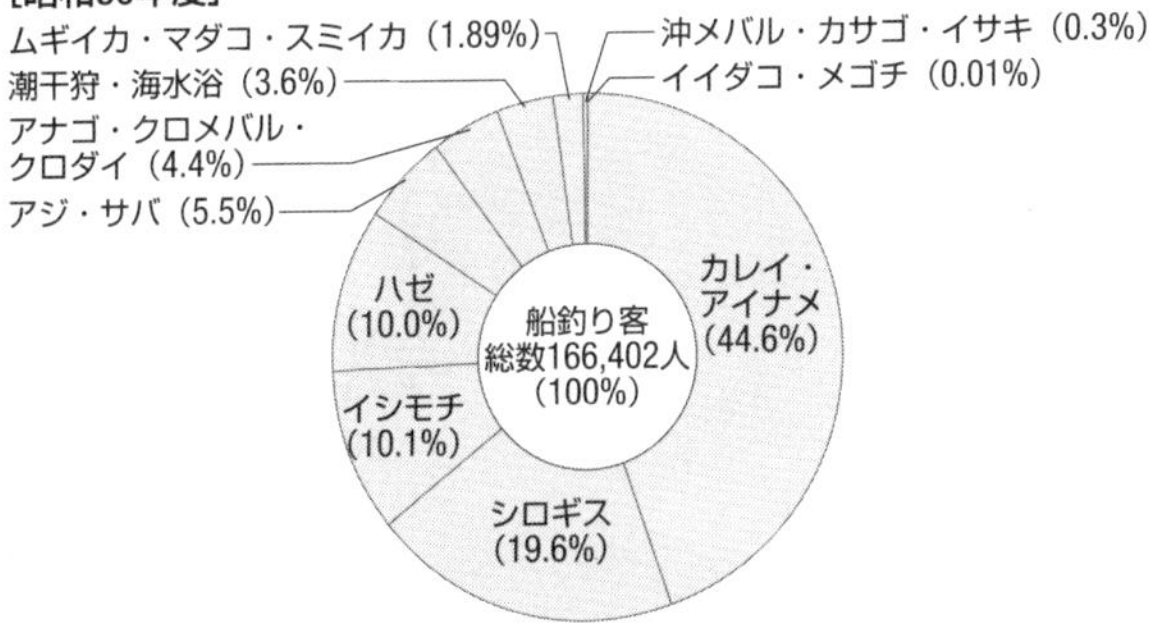
ムギイカ・マダコ・スミイカ（1.89%）
潮干狩・海水浴（3.6%）
アナゴ・クロメバル・
クロダイ（4.4%）
アジ・サバ（5.5%）
沖メバル・カサゴ・イサキ（0.3%）
イイダコ・メゴチ（0.01%）
ハゼ
(10.0%)
イシモチ
(10.1%)
シロギス
(19.6%)
カレイ・
アイナメ
(44.6%)
船釣り客
総数166,402人
(100%)

[昭和61年度]

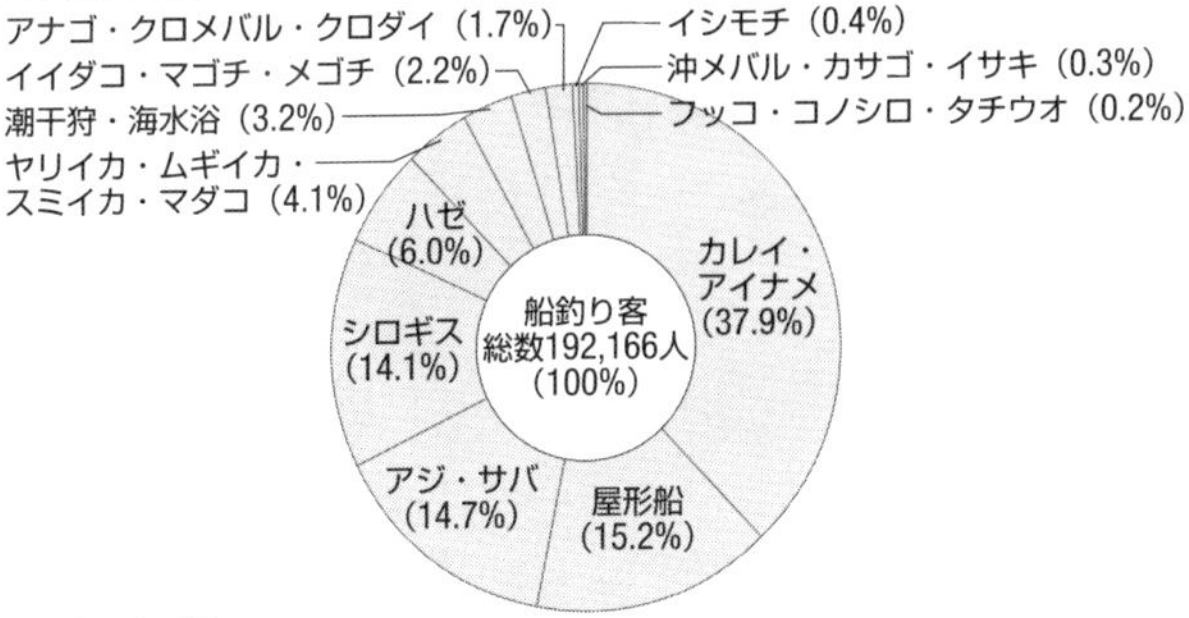
アナゴ・クロメバル・クロダイ（1.7%）
イイダコ・マゴチ・メゴチ（2.2%）
潮干狩・海水浴（3.2%）
ヤリイカ・ムギイカ・
スミイカ・マダコ（4.1%）
イシモチ（0.4%）
沖メバル・カサゴ・イサキ（0.3%）
フッコ・コノシロ・タチウオ（0.2%）
ハゼ
(6.0%)
シロギス
(14.1%)
アジ・サバ
(14.7%)
屋形船
(15.2%)
カレイ・
アイナメ
(37.9%)
船釣り客
総数192,166人
(100%)

[平成19年度]

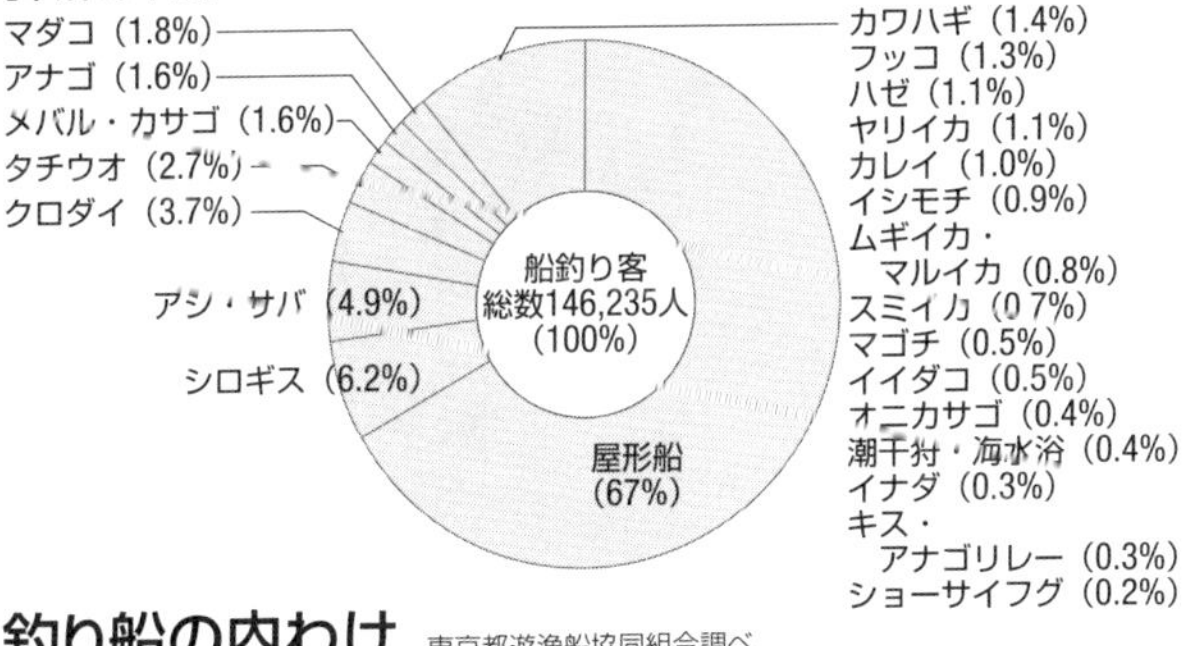
マダコ（1.8%）
アナゴ（1.6%）
メバル・カサゴ（1.6%）
タチウオ（2.7%）
クロダイ（3.7%）
アジ・サバ（4.9%）
シロギス（6.2%）
カワハギ（1.4%）
フッコ（1.3%）
ハゼ（1.1%）
ヤリイカ（1.1%）
カレイ（1.0%）
イシモチ（0.9%）
ムギイカ・
マルイカ（0.8%）
スミイカ（0.7%）
マゴチ（0.5%）
イイダコ（0.5%）
オニカサゴ（0.4%）
潮干狩・海水浴（0.4%）
イナダ（0.3%）
キス・
アナゴリレー（0.3%）
ショーサイフグ（0.2%）
屋形船
(67%)
船釣り客
総数146,235人
(100%)

釣り船の内わけ 東京都遊漁船協同組合調べ

必ず船宿が見つかるはずだ。

次にすぐ電話を入れて「釣りは初めてなんですが、竿など全部貸してください」とお願いして希望の日の予約を取る。当日は少くとも1時間前に船宿に着いて道具を借り、釣り方のコツを聞いておく。船上で頼めば、船長か助手がかならずすべてをコーチしてくれる。

ひがな一日江戸前の海に親しむことができ、その海が生み出した味覚も存分に味わえること請け合いである。

おわりに

江戸前と呼ばれる海の足跡《そくせき》と現状をご紹介してきたつもりだが、健気《けなげ》に生きる魚や貝類などを過大に評価しすぎた感があるかもしれない。だが江戸前の海が単位面積あたりの漁獲高で日本一を誇った痕跡《こんせき》は今なお厳然として残されている。それは、東京内湾におけるスズキの水揚げで依然として全国1位の地位を守りつづけていることでもわかるだろう。

スズキはフィッシュイーター、つまり魚食性魚。生きた魚や甲殻類《こうかくるい》、軟体動物を捕食し、内湾における食物連鎖の頂点に立っている。内湾におけるスズキの年間の漁獲高は平均3000トンに達し、全国における漁獲高の15～25パーセントを占めている。つまり漁業データには上がってこない、スズキのエサとなるさまざまな魚介類の存在が、この漁獲高を支えているのである。浅瀬《あさせ》を埋め立てられ、青潮や赤潮の度重なる発生にも、下水処理場で処理しきれない汚水が流れ込んでも、江戸前の魚介類は不滅の生命力で生き抜いている。

とはいえ、江戸前がかつてのように復元するのかといえば、多くの水産関係者、魚類学者、環境学者が指摘するように、明るい見通しは立たない。せめてこれ以上の環境悪化を食い止めるためには、漁民だけでなく都民や隣接する各県の住民がどれだけ声を上げるかにかかっているといってよいだろう。湾奥における最後の干潟《ひがた》・三番瀬《さんばんぜ》は、元千葉県知事だった堂本暁子《どうもとあきこ》氏を市民運動が動かし、埋立て計画を阻止することに成功した。東京都内湾、つまりかつての江戸前は今、危機感を肌で感じるわずかな個人の努力によって辛《かろ》うじて守られているのだ。しかし、羽田空港の拡大など、さらなる埋立て計画も進んでいる。

一度埋め立てた海が復元した例が、海外にはある。しかし埋立てに要した費用の3倍以上が費消されたと報告されている。高度な都市機能を有する臨海副都心や羽田空港を元の海に戻せなどと主張すれば、暴論あるいは狂気の沙汰《さた》として一蹴されてしまうに違いない。だからせめて、海洋学者が主張しているように、埋立て地を覆《おお》う護岸に大きな傾斜や凹凸《おうとつ》を付け、魚類が住みやすくしたり、周辺に浅瀬を造る捨て石や盛り土を行ない、アマモなどを植えて環境悪化を少しでも食い止める努力が、国や東京都に求められている。

はるか南方まで産卵の旅に出て、ふたたび江戸前の海に戻ってくるウナギがまだいることや、毎年、生まれた海や川にかならず戻ってくるマコガレイやハゼの健気さに、なんとしても応《こた》えたいものである。

最後に、江戸前の魚類の生息データなどを長年にわたって提供してくださった小泉政行氏には深く感謝いたします。また本書出版にあたりさまざまなアドバイスをいただいた祥伝社水無瀬尚氏のご厚情に御礼を申し上げます。

主な参考文献

東京湾学会誌1巻4号　2000年　東京湾学会
日本橋魚市場沿革紀要　1889年　日本橋魚會
東京都内湾漁業興亡史　1971年　東京都内湾漁業興亡史刊行会・非売品
東京湾水土記　高橋在久　未來社　1982年
平賀源内全集　萩原星文館　1936年
嬉遊笑覧　喜多村信節、近藤圭造校訂　名著刊行会　1993年
東海道中膝栗毛　麻生磯次注　岩波書店　1979年
江戸前つり師　三遊亭金馬　徳間書店　1962年
すしの本　篠田統　柴田書店　1993年
江戸前の素顔　藤井克彦　つり人社　2004年
寛永録　相川新兵衛　江東区教育委員会　1985年〜
魚鑑　武井周作　平野満解説　八坂書房　1978年
國史大事典第6巻　吉川弘文館　1990年
魯山人の食卓　北大路魯山人　角川春樹事務所　1998年
旬の魚はなぜうまい　岩井　保　岩波新書　2002年

神田鶴八鮨ばなし　師岡幸夫　草思社　１９８６年
深川区史　深川区史編纂委員会　１９２６年
すきやばし治郎　鮨を語る　文藝春秋　２００９年
大江戸風流名物くらべ　吉村武夫　西山書店　１９７６年
全調食協報94号　佃煮物語　全国調理品工業協同組合　２００４年
続江戸砂子温故名跡志　菊岡沾凉纂　小池章太郎編　東京堂出版　１９７６年
江戸川柳食物誌　佐藤要人監修　太平書屋　１９８９年
佃島の今昔　佐藤六郎編著　雪華社　１９８９年
鮓・鮨・すし──すしの事典　吉野曻雄　旭屋出版　１９９０年
最暗黒の東京　松原岩五郎　岩波文庫　１９８８年
釣魚秘伝集　大橋清湖編　アテネ書房　１９７２年
露伴釣談　開高健編　アテネ書房　１９７８年
●写真を提供いただいた方々
小泉政行氏、根岸伸之氏

切りとり線

★読者のみなさまにお願い

この本をお読みになって、どんな感想をお持ちでしょうか。祥伝社のホームページから書評をお送りいただけたら、ありがたく存じます。今後の企画の参考にさせていただきます。また、次ページの原稿用紙を切り取り、左記まで郵送していただいても結構です。

お寄せいただいた書評は、ご了解のうえ新聞・雑誌などを通じて紹介させていただくこともあります。採用の場合は、特製図書カードを差しあげます。

なお、ご記入いただいたお名前、ご住所、ご連絡先等は、書評紹介の事前了解、謝礼のお届け以外の目的で利用することはありません。また、それらの情報を6カ月を超えて保管することもありません。

〒101―8701（お手紙は郵便番号だけで届きます）
祥伝社新書編集部
電話03（3265）2310
祥伝社ホームページ　http://www.shodensha.co.jp/bookreview/

★本書の購買動機（新聞名か雑誌名、あるいは○をつけてください）

＿＿＿＿新聞の広告を見て	＿＿＿＿誌の広告を見て	＿＿＿＿新聞の書評を見て	＿＿＿＿誌の書評を見て	書店で見かけて	知人のすすめで

★100字書評……「江戸前」の魚はなぜ美味しいのか

名前

住所

年齢

職業

藤井克彦　ふじい・かつひこ

1946年、東京・深川生まれ。中央大学法学部卒業。釣りジャーナリスト。釣魚技術史研究家。小学生のころから江戸前の海での釣りに勤しみ、長じて「つり情報」などの釣り雑誌の編集長を長く務める。江戸前における漁業・遊魚史、食文化史などを数多く執筆し、水産庁の「豊かな東京湾再生検討委員会分科会」委員などを歴任。主な著書に『江戸前の素顔』『釣りに行こう』『はじめての釣り』などがある。

「江戸前《えどまえ》」の魚《さかな》はなぜ美味《おい》しいのか

藤井克彦《ふじいかつひこ》

2010年4月10日　初版第1刷発行

発行者……………竹内和芳
発行所……………祥伝社しょうでんしゃ
〒101-8701　東京都千代田区神田神保町3-6-5
電話　03(3265)2081(販売部)
電話　03(3265)2310(編集部)
電話　03(3265)3622(業務部)
ホームページ　http://www.shodensha.co.jp/

装丁者……………盛川和洋
印刷所……………萩原印刷
製本所……………ナショナル製本

造本には十分注意しておりますが、万一、落丁、乱丁などの不良品がありましたら、「業務部」あてにお送りください。送料小社負担にてお取り替えいたします。

Printed in Japan　ISBN978-4-396-11199-1　C0225

〈祥伝社新書〉
話題騒然のベストセラー！

042
高校生が感動した「論語」
慶應高校の人気ナンバーワンだった教師が、名物授業を再現！
元慶應高校教諭
佐久 協《やすし》

044
組織行動の「まずい!!」学
どうして失敗が繰り返されるのか
JR西日本、JAL、雪印……「まずい！」を、そのままにしておくと大変！
警察大学校主任教授
樋口晴彦

052
人は「感情」から老化する
前頭葉の若さを保つ習慣術
四〇代から始まる「感情の老化」。流行《はや》りの脳トレより、この習慣が効果的！
精神科医
和田秀樹

095
デッドライン仕事術
すべての仕事に「締切日」を入れよ
仕事の超効率化は、「残業ゼロ」宣言から始まる！
元トリンプ社長
吉《よし》越《こし》浩一郎

111
超訳『資本論』
貧困も、バブルも、恐慌も――、マルクスは『資本論』ですでに書いていた！
神奈川大学教授
的場昭弘

〈祥伝社新書〉
本当の「心」と向き合う本

076
早朝坐禅
凛《りん》とした生活のすすめ
坐禅、散歩、姿勢、呼吸……のある生活。人生を深める「身体作法」入門！
宗教学者 山折哲雄

108
手塚治虫傑作選「家族」
単行本未収録の『ブッダ外伝 ルンチャイと野ブタの物語』をふくむ全一〇編！
漫画家 手塚治虫

183
般若心経入門
276文字が語る人生の知恵
永遠の名著、新装版。いま見つめなおすべき「色即是空」のこころ
松原泰道

197
釈尊のことば 法句経《ほっくきょう》入門
生前の釈尊が発した生《なま》のことばを、現代の語り部がやさしく解説！
松原泰道

188
歎異抄《たんにしょう》の謎《なぞ》
親鸞をめぐって・「私訳 歎異抄」・原文・対談・関連書一覧
親鸞は、本当は何を言いたかったのか？
五木寛之

〈祥伝社新書〉
好調近刊書―ユニークな視点で斬る!―

149
台湾に生きている「日本」
建造物、橋、碑、お召し列車……。台湾人は日本統治時代の遺産を大切に保存していた!
旅行作家 **片倉佳史**

151
ヒトラーの経済政策
世界恐慌からの奇跡的な復興
有給休暇、ガン検診、禁煙運動、食の安全、公務員の天下り禁止……
フリーライター **武田知弘**

160
国道の謎
本州最北端に途中が階段という国道あり……全国一〇本の謎を追う!
国道愛好家 **松波成行**

190
発達障害に気づかない大人たち
ADHD・アスペルガー症候群・学習障害……全部まとめてこれ一冊でわかる!
福島学院大学教授 **星野仁《よし》彦《ひこ》**

192
老後に本当はいくら必要か
高利回りの運用に手を出してはいけない。手元に1000万円もあればいい。
企業コンサルタント **津田倫《みち》男《お》**